Arena-Taschenbuch
Band 2294

Von Erhard Dietl sind als Arena-Taschenbuch erschienen:
Was sagt das Stachelschwein zum Kaktus? (Band 2295)
Der Kicherkönig (Band 2296)
Die Kicherkiste (Band 2297)

Erhard Dietl,
geboren 1953 in Regensburg, studierte Grafik und lebt
als freier Autor und Illustrator in München. Neben zahlreichen
Kinder- und Jugendbüchern, die in viele Sprachen übersetzt
und mehrfach ausgezeichnet wurden, veröffentlichte er
CDs und ein Kindermusical.

Erhard Dietl

Knallfrösche

Die besten Tierwitze aller Zeiten

Mit Illustrationen vom Autor

Arena

In neuer Rechtschreibung

Originalausgabe
2. Auflage als Arena-Taschenbuch 2008
© 2007 by Arena Verlag GmbH, Würzburg
Alle Rechte vorbehalten
Umschlag- und Innenillustrationen: Erhard Dietl
Umschlagtypografie: knaus. büro für kozeptionelle
und visuelle identitäten, Würzburg
Gesamtherstellung: Westermann Druck Zwickau GmbH
ISSN 0518-4002
ISBN 978-3-401-02294-9

www.arena-verlag.de

Eintagsfliegen & andere Plagegeister

»Warum sind die Bienen so wichtig für unsere Blumen?«, fragt die Lehrerin.
Steffi weiß es. »Die Bienen fliegen um die Blumen herum, damit die Leute sie nicht abreißen!«

*

»Wenn neun Fliegen auf einem Tisch sitzen und du erwischst zwei, wie viele bleiben dann übrig?«
»Zwei. Die anderen fliegen fort.«

*

»Ich habe eine gute Neuigkeit«, sagt eine Stubenfliege zur anderen.
»Welche?«
»Unsere Leute hier haben die Zeitung abbestellt, weil sie im Fernsehen die Nachrichten viel früher und bunter bekommen!«
»Und was geht das uns an?«
»Kapierst du denn nicht? Ohne Zeitung können sie uns nicht erschlagen!«

*

Zwei Schnecken gehen über die Landstraße.
Sagt die eine zur anderen: »Schalt einen Gang runter! Da vorn ist eine Radarfalle!«

Kommt ein Holzwurm in die Konditorei und schimpft: »Ihren Schwindelbetrieb kann man vergessen! Von wegen Baumkuchen!«

*

Ein Holzwurm geht zum Arbeitsamt.
»Ich möchte mich gerne umschulen lassen!«
»Auf was?«
»Auf Kunststoff!«

*

Unterhalten sich zwei Holzwurmmütter: »Was macht ihr Sohn eigentlich?«
»Oh, der hat es weit gebracht! Der arbeitet jetzt in einer Bank!«

*

Die kleine Mücke darf heute zum ersten Mal alleine über das Freibad fliegen.
»Na, wie war's?«, fragt die Fliegenmami, als ihre Tochter wieder heimkommt.
»Toll«, sagt die kleine Mücke.
»Wo ich auch hinkam, haben die Leute geklatscht!«

*

Treffen sich zwei Holzwürmer.
»Und wie geht's deinem Bruder?«
»Ach, ganz gut, er frisst sich so durch.«

*

»Herr Apotheker, ich brauche ein Wurmmittel.«
»Für einen Erwachsenen oder für einen Jugendlichen?«
»Du lieber Himmel! Woher soll ich denn wissen, wie alt so ein Wurm ist!«

*

Zwei Fliegen krabbeln auf einem Globus herum.
Als sie sich zum fünften Mal begegnen, sagt die eine zur anderen: »So klein ist die Welt!«

*

»Wer hat mich denn da gestochen!«, ruft Herr Oberhuber wütend und betastet sein Bein.
Da piepst die Biene über seinem Kopf: »Was haben Sie davon, wenn Sie meinen Namen wissen?«

*

Zwei Schneckendamen gehen spazieren. Plötzlich sehen sie einen attraktiven Schneckenherrn.
Sagt die eine: »Du schau doch mal, sitzt mein Haus auch gerade?«

Frau Spinne geht einkaufen.
Sagt Herr Spinne: »Nimm das Netz mit! Plastiktüten sind umweltschädlich!«

*

Zwei Fliegen gehen auf einer Glatze spazieren.
»Erinnerst du dich noch«, sagt die eine, »als wir klein waren, gab es hier eine schöne Allee, wo wir Verstecken spielen konnten!«

*

Zwei Tausendfüßler stehen vor dem Kino und bewundern ein Filmplakat von Marylin Monroe.
»Tolle Beine hat die Kleine«, sagt der eine.
»Ja, aber so wenige«, antwortet der andere.

*

Kommt ein kleiner Tausendfüßler zum Tierarzt und heult.
»Wo fehlt es denn?«
»Mir ist einer auf den Fuß getreten!«
»Auf welchen?«
»Weiß nicht, ich kann nur bis hundert zählen!«

*

Ein Tausendfüßler kommt zum Programmdirektor des Fernsehens.
»Ich möchte mich gerne bei ihnen bewerben!«
»So? Als was denn?«
»Als Fernsehballett!«

*

»Kannst du mir fünfzig Euro pumpen?«, fragt ein Tausendfüßler seinen Kumpel.
»Ausgeschlossen. Meine Frau hat gestern neue Schuhe gekauft. Und jetzt sind wir pleite bis zur nächsten Eiszeit!«

*

Zwei Fliegen möchten nach Köln.
»Du, wir setzen uns einfach auf ein Motorrad, das nach Köln fährt«, schlägt die eine vor.
»Gute Idee«, lobt die andere. »Aber dann muss ich noch schnell heim und eine Sonnenbrille holen. Ich mag nicht, dass mir dauernd Mücken in die Augen fliegen!«

*

Wenn sich eine Biene auf eine Brennnessel setzt, sticht dann die Brennnessel die Biene oder die Biene die Brennnessel?

*

»Mama, ich bin so traurig!«, schluchzt das Glühwürmchen. »Die Lehrerin hat heute gesagt, dass ich keine große Leuchte werde!«

*

»Wie alt ist diese Truhe?«, fragt ein Kunde den Trödler.
»Vierhundert Jahre«, antwortet der Trödler und fügt hinzu: »Was gibt es da zu kichern?«
»Ich hab nicht gekichert«, antwortet der Kunde. »Das war der Holzwurm.«

*

»In deiner Hosentasche habe ich einen lebenden Frosch gefunden!«, ruft Mutti entsetzt.
»Sag bloß, die Würmer, die Schnecken und die Maus waren nicht mehr drin!«, ruft Benni.

*

»Schau, da ist ein Ameisenhaufen!«, sagt Papa im Wald.
»Toll«, meint Uli. »Wie kann so ein kleines Tier einen so großen Haufen machen!«

*

Die kleine Motte heult: »Das ist doch echt bescheuert! Den ganzen Sommer muss ich in Pelzmänteln leben. Und im Winter, wenn es saukalt ist, im Bikini!«

»Oje, oje«, jammert der kleine Glühwurm, »ich glaube, ich muss zum Augenarzt.«
»Wieso?«
»Wegen einer Brille.«
»Wozu?«
»Ich habe gestern aus Versehen eine glimmende Zigarette geküsst!«

*

»Was macht dein Bruder?«
»Der ist Wurmimitator!«
»Und davon kann man leben?«
»Und wie! Er bohrt Wurmlöcher in neue Möbel, damit sie antik werden.«

*

Treffen sich zwei Bazillen.
Sagt die eine: »Du liebe Zeit, wie siehst du denn aus? Fühlst du dich nicht gut?«
»Hundsmiserabel! Ich muss irgendwo Penicillin erwischt haben!«

*

»Ich bin in den nächsten Wochen Strohwitwer«, klagt der Tausendfüßler. »Meine Frau ist in die Stadt, um Schuhe zu kaufen.«

»Warum ist ihr Flohzirkus heute geschlossen?«, wird der Direktor des Unternehmens gefragt. »Ach, es ist furchtbar. Unsere Hauptdarstellerin ist mit einem Pudel durchgebrannt!«

*

Sagt der Flohlehrer zur Flohmama: »Ihr Sohn Balduin wäre eigentlich ein ganz ordentlicher Schüler, wenn er nicht so sprunghaft wäre!«

*

Lord Southerland klingelt nach dem Butler.
»James«, sagt der Lord, »ich sagte Ihnen doch, dass ich heute Nachmittag allein sein möchte.«
»Sehr wohl, das sagten Sie.«
»Dann erklären Sie mir, was die Fliege in meinem Zimmer soll!«

*

Zwei Weinbergschnecken begegnen einer Nacktschnecke.
Sagt die eine zur anderen: »Unglaublich, wie viele Obdachlose es heutzutage gibt!«

*

»Herr Ober! Auf meiner Butter klebt eine Fliege!«
»Sie täuschen sich, mein Herr. Erstens ist es keine Fliege, sondern eine Schlupfwespe, und zweitens ist es keine Butter, sondern Margarine.«

*

»Na, wie war euer Picknick?«, fragt Mama. » Haben die Honigbrote geschmeckt?«
»Frag nicht mich«, erwidert Sandra. »Frag lieber die Ameisen!«

*

»Du bist der reinste Wirbelwind«, sagt eine Schnecke zu der anderen. »Gestern warst du noch auf der anderen Straßenseite, heute bist du schon wieder hier!«

*

»Lisa! Was willst du mit dem Regenwurm im Haus?«
»Wir haben den ganzen Tag zusammen im Garten gespielt und nun möchte ich ihm mein Zimmer zeigen!«

*

Sagt die Schneckenmami zu den kleinen Schnecken: »Dass mir keiner über die Straße rennt! In drei Stunden kommt der Bus!«

*

»Und wenn ich dir sage, du sollst dir die Füße waschen«, schimpft Mama Tausendfüßler, »dann meine ich nicht achthundert und nicht fünfhundert oder gar nur zweihundert, dann meine ich alle tausend!«

*

»Ich würde so gern Ski fahren!«, sagt der Tausendfüßler. »Aber immer wenn ich die Bretter endlich angeschnallt habe, ist der Winter vorbei!«

*

Weinend kommt die Mücke nach Hause. »Ich bin von der Polizei angehalten worden. – Zu viel Promille! Der Führerschein ist weg!«
»Tausend Mal habe ich dir gesagt, du sollst aufpassen und nicht jeden besoffenen Oktoberfestbesucher anstechen!«

*

Treffen sich zwei Motten,
»Mir ist ja sooo schlecht«, sagt die eine. »Ich habe ein Polyamid-T-Shirt angeknabbert!«
»Geschieht dir recht«, sagt die andere. »Wozu haben wir die Bio-Welle. Friss Wollsocken, das ist gesund!«

*

Die kleine Schnecke darf zum ersten Mal allein fortgehen. Mutti ist sehr besorgt. »Pass aber auf, dass du in den Kurven nicht ins Schleudern kommst!«

*

»Warum kommst du so spät zur Ballettstunde!«, schimpfen die anderen Tiere mit dem Tausendfüßler.
»Weil irgendein Idiot draußen vor der Tür ein Plakat angebracht hat: ›Füße gründlich abputzen!‹

*

Die Holzwurm-Mutti ermahnt ihre Kinder: »Kommt endlich rein! Das Essen wird morsch!«

*

Ein Gast regt sich auf: »Herr Ober! Unglaublich, da ist eine Fliege in meinem Bier!«
»Ach, seien Sie doch nicht so kleinlich«, sagt der Ober.
»Was kann Ihnen so ein kleines Tierchen schon wegtrinken!«

*

Julia und Franziska machen einen Ausflug. Auf einmal sagt Julia: »So, jetzt gehe ich keinen Schritt weiter. Ich finde nämlich, dass dies hier ein idealer Platz für ein Picknick ist.«
»Da hast du recht«, sagt Franziska. »Zweihunderttausend Ameisen können nicht irren.«

Treffen sich zwei Ratten auf einem Tanker, sagt die eine: »Wollen wir Schiffeversenken spielen?«

*

»Warum bist du auf diese Schnecke getreten, Klaus-Dieter?«
»Ich habe sie nicht gesehen. Sie kam von hinten und hat mich überholt!«

*

Kriecht eine Schnecke im Winter den Kirschbaum hoch. Wundern sich die Vögel: »Was machst du da?« Sagt die Schnecke: »Na Kirschen essen!«
»Die sind doch noch gar nicht reif!«
»Wenn ich oben bin, dann schon!«

*

Eine Frau wohnt im vierten Stock. Am Morgen geht sie zu ihrem Blumenkasten, findet eine Schnecke und wirft sie hinunter. Nach zwei Jahren klingelt es an der Tür. Die Frau macht auf, und auf dem Boden hockt die Schnecke und schreit: »Was war denn das eben?«

*

Was sagt der Tausendfüßler, wenn ihm zum Geburtstag neue Schuhe geschenkt werden?
»Tausend Dank!«

Klagt ein Tausendfüßler-Kind im Schuhgeschäft: »Mama, bitte keine Schnürstiefel!«

*

»Juhu, ich kann fliegen!«, jubelt der Wurm, als er mit dem Apfel vom Baum fällt.

*

Haarscharf zischt eine Fliege am Spinnennetz vorbei.
»Warte nur, morgen erwische ich dich«, höhnt die Spinne.
»Denkste!«, grinst die Fliege. »Ich bin eine Eintagsfliege.«

*

Treffen sich zwei Holzwürmer im Käse. Seufzt der eine: »Auch Probleme mit den Zähnen?«

*

Alle Tiere marschieren in Noahs Arche, da gerät der Zug ins Stocken.
Sagt der Frosch zur Giraffe: »Guck mal, was da los ist!«
Die Giraffe reckt den langen Hals und seufzt: »Das kann länger dauern. Der Tausendfüßler zieht sich die Hausschuhe an!«

*

Eine Ameise flaniert über die Wiese und wird von einem Pferdeapfel getroffen. Zwei Stunden braucht sie, um sich herauszuwühlen.
»Mist!«, schimpft sie. »Genau aufs Auge!«

*

Ein Holzwurm kommt freudestrahlend nach Hause und verkündet unternehmungslustig: »Nun zieht euch mal chic an. Heute gehen wir groß aus und essen chinesisch. Im Antiquitätenladen sind Möbel aus Hongkong eingetroffen.«

*

Bruno holt jeden Tag zwei Packungen Mottenkugeln aus der Drogerie. Fragt ihn der Verkäufer nach einer Woche: »Wofür brauchen Sie denn so viele Mottenkugeln?«
Antwortet Bruno: »Die Viecher sind so schwer zu treffen!«

*

Zwei Wespen treffen sich im Freibad: »Interessierst du dich für Kunst?«
»Ja. Warum?«
»Dann fliegen wir mal rüber zu dem Typen da und ich zeige dir ein paar alte Stiche . . .«

*

Die Regenwurmfrau weint und kann sich nicht mehr beruhigen.
Fragt die Nachbarin: »Was ist denn los, um Himmels willen?«
»Es ist wegen meinem Mann. Er ist beim Angeln.«

*

»Herr Ober, in meiner Suppe schwimmt eine Fliege!«
»Nicht mehr lange«, antwortet der Ober. »Sehen Sie die Spinne am Tellerrand?«

*

Zwei Flöhe kommen aus dem Kino. Es regnet.
Fragt der eine den anderen: »Gehen wir zu Fuß, oder nehmen wir den Hund?«

*

Und wie sagte die Holzwurm-Mami zu den Kleinen?
»Husch, husch, ins Brettchen . . .«

*

»Spätgotisch!«, sagt der Verkäufer im Antiquitätengeschäft zum Kunden.
Da kommt der Holzwurm aus der Truhe und flüstert: »Glauben sie ihm nicht! Ich bin noch nicht mal volljährig!«

*

Ein Mann kommt in eine Zoohandlung und verlangt zehn Ratten.
»Wozu brauchen sie die denn?«, wundert sich der Verkäufer.
»Ich habe meine Wohnung gekündigt und muss sie so verlassen, wie ich sie bezogen habe.«

Rindviecher & Landeier

»Der Maulwurf frisst täglich so viel, wie er wiegt«, liest Heike in einem schlauen Buch. »Woher weiß der Maulwurf, wie viel er wiegt?«, fragt Heike.

*

Erich kommt von der Hasenjagd. »Na«, meint seine Frau, »hast du wenigstens etwas geschossen?«
»Nö, heute war's schwierig«, gesteht Erich.
»Die Biester sind immer zickzack gelaufen, und wenn ich auf Zick gezielt habe, ist der Hase auf Zack rüber.«

*

Betty sieht im Garten einen Igel. »Mami, da läuft ein Kaktus!«

*

Der Hofhund kommt zur Gänseschar und bellt: «Ich hab eine gute und eine schlechte Nachricht für euch. Zuerst die gute: Die Jäger haben gestern alle Füchse in der Gegend abgeknallt!«
»Und was ist jetzt die schlechte?«, gackern die Gänse.
»Na, morgen feiern sie das mit einem großen Gänsebratenfestessen!«

*

Ein kleiner Fuchs hockt allein vor seinem Bau. Da kommt der Hase und fragt: »Ist dein Papa da?«
»Nein.«
»Ist deine Mami da?«
»Auch nicht.«
»Ist dein großer Bruder da?«
»Nein.«
»Magst eine Ohrfeige?«

*

Der Breitmaulfrosch kommt zum Fotografen und sagt: »Ich hätte so gern ein Bild von mir. Aber, wie kann man es machen, dass mein Mund nicht so entsetzlich breit wirkt?«
»Das werden wir gleich haben«, sagt der Fotograf. »Passen Sie auf, genau in dem Augenblick, wo ich auf den Auslöser drücke, sagen Sie ›Konfitüüüüüre‹. Kapiert?«
Der Breitmaulfrosch nickt. »Achtung!«, ruft der Fotograf und drückt auf den Auslöser. Und der Breitmaulfrosch sagt: »Marmelaaaaade!«

*

»Was sagen Sie dazu, Frau Kümmerlein? Die Familie über Ihnen züchtet seit Monaten Schafe in der Wohnung!«
»Gut, dass Sie mir das sagen. Und ich laufe schon seit Monaten zum Psychiater, weil ich immer Schafe blöken höre.«

Eine Anweisung vom Bürgermeister: Jedes Haustier in der Gemeinde muss einen Ring am linken Ohr bekommen.
»Sauarbeit!«, stöhnt der Bauer.
»Kann ich mir denken. Die vielen Rinder und Schweine...«, sagt der Nachbar.
»Das ist ja das Wenigste. Aber die Bienen! Die Bienen...!«

*

Was sagt ein Hase beim Überfall auf einen Schneemann?
»Möhre oder Fön!«

*

Der kleine Igel hat sich verlaufen. Als er gegen einen Kaktus rennt, fragt er verzweifelt: »Bist du es, Papi?«

*

Zwei Bären sitzen im Herbst vor ihrer Höhle und gucken zu, wie das Laub von den Bäumen fällt. Da sagt der erste Bär: »Irgendwann lasse ich den Winterschlaf ausfallen und gucke mir den Typen an, der im Frühling die Blätter wieder anklebt!«

*

Zwei Kühe stehen auf der Weide. Eine von ihnen schüttelt sich. Darauf fragt die andere: »Was machst du da?«
»Ich habe heute Geburtstag. Ich schlage schon mal die Sahne.«

»Willst du mir ein halbes Schwein abkaufen?«
»Ein halbes Schwein? Was soll ich mit einem halben Schwein? Das fällt mir im Stall dauernd um!«

*

»Wollen wir zusammen eine Imbissbude aufmachen?«, fragt die Kuh das Schwein. »Ich liefere dann die Milch.«
»Und wo willst du den Schinken hernehmen?«, fragt das Schwein misstrauisch.

*

Seine Majestät, der König ist auf der Jagd. Endlich läuft ihm ein Hase vor die Flinte, aber er schießt daneben. »Nun«, fragt er den Förster, der ihn begleitet, »hab ich getroffen?«
»Nein, Majestät. Ihre Majestät haben das Tier begnadigt!«

*

Mark hat mit seinem Moped vor dem Bauernhof einen Hahn überfahren. Er geht in das Haus und entschuldigt sich beim Bauern.
»Klar, dass ich Ihnen den Hahn ersetze«, sagt er.
»Ist in Ordnung«, murrt der Bauer. »Du kommst also jeden Tag um halb fünf und krähst vor meinem Haus!«

*

Treffen sich zwei Igel.
»Warum hast du denn deine Pfote verbunden?«
»Ich habe mich am Rücken gekratzt!«

*

Eine Riesenschlange und ein Karnickel gehen zusammen ins Lokal.
»Junge Karotten!«, bestellt das Karnickel.
Der Kellner notiert. »Und was darf ich Ihrer Begleiterin bringen?«
»Ich bitte Sie«, sagt das Karnickel, »wenn sie nicht schon gegessen hätte, säßen wir nicht hier.«

*

Der Eber ist stets missgestimmt, weil seine Kinder Ferkel sind.
Nicht nur die Frau, die Sau alleine, nein, auch die Verwandten – alles Schweine!

*

Zwei Kühe unterhalten sich über eine dritte Kuh.
»Sag mal, warum ist denn die Olga so mager geworden?« –
»Weil sie abergläubisch ist. Sie frisst nur noch vierblättrigen Klee!«

*

Die kleine Petra ist zum ersten Mal auf einem Bauernhof und sieht am Abend der Bäuerin zu, wie sie ein Huhn rupft.
»Tante«, fragt Petra, »ziehst du die Hühner denn jeden Abend aus?«

*

Zwei Freunde sind auf Entenjagd.
Der eine legt an, zielt und schießt. Eine tote Ente fällt direkt vor seine Füße.
Triumphierend schaut er zu seinem Freund.
»Na?«
»Guter Schuss!«, lobt der andere, »aber überflüssig. Den Sturz hätte sie sowieso nicht überlebt!«

*

Ein Schwein kommt an einer Steckdose vorbei, schaut rein und sagt: »Arme Sau, haben sie dich eingemauert!«

*

Ein junges Kalb beobachtet durchs Fenster, wie der Sohn des Bauern sich einen Weihnachtsfilm mit Rentieren anschaut. Als der Film vorbei ist, läuft das Kalb zurück in den Stall und sagt zur Kuh: »Wenn ich mal groß bin, dann gehe ich auch zur Luftwaffe!«

*

Das kleine Häschen sitzt am Waldesrand und manikürt seine Nägel.
Kommt ein Reh vorbei und ruft: »Hallo, Häschen!«
»Hallo, Reh!«
»Was machst du denn so allein am Waldesrand?«
»Ooooch. Ich sitze hier, schaue mir die Gegend an, schleife meine Nägel ganz spitz und scharf, und wenn der Fuchs kommt, dann kratze ich ihn!«
Bald darauf kommt ein Hirsch vorbei und sagt: »Hallo, Häschen!«
»Hallo, Hirsch!«
»Was machst du denn hier so alleine am Waldesrand?«
»Ooooch. Ich sitze hier, schaue mir die Gegend an, schleife meine Nägel ganz spitz und scharf, und wenn der Fuchs kommt, dann kratze ich ihn!«
Bald darauf kommt der Fuchs vorbei: »Hallo, Häschen!«
»Hallo, Fuchs!«
»Was machst Du denn hier so alleine am Waldesrand?«
»Ooooch. Ich sitze hier, schaue mir die Gegend an, maniküre meine Nägel und rede gelegentlich dummes Zeug.«

*

»Wie alt ist denn deine Kuh?«
»Zwei Jahre. Das sieht man an den Hörnern!«
»Ach so natürlich, die hat ja erst zwei!«

Ein Hase, ein Fuchs und ein Bär müssen zur Musterung. Natürlich will keiner zur Armee, also müssen sie sich etwas einfallen lassen.

Zuerst muss der Fuchs ins Arztzimmer. Er denkt: Am besten, ich schneide mir vorher den Schwanz ab. Ein Fuchs ohne buschigen Schwanz wird bestimmt nicht genommen. Gesagt, getan, so geht er ohne Schwanz hinein.

»Und?«, rufen die beiden anderen, als er nach einer Weile wieder herauskommt. »Ausgemustert!«, sagt der Fuchs zufrieden. »Einen Fuchs ohne Schwanz nehmen sie nicht!«

Als Zweiter ist der Hase dran. Der schaut auf seinen Stummelschwanz. »Schwanz geht bei mir nicht, aber die Ohren! Ein Hase ohne lange Ohren wird bestimmt nicht genommen.« Gesagt, getan. Er geht ohne Ohren ins Musterungszimmer und kommt zufrieden wieder heraus.

»Und?«, fragen die beiden anderen. »Ausgemustert!«, ruft der Hase. »Einen Hasen ohne Ohren wollen sie hier nicht!«

Als Letzter ist der Bär dran. Er denkt: Ich reiß mir am besten die Zähne heraus. Ein Bär ohne gefährliche Zähne wird bestimmt nicht genommen.

Er reißt sich alle Zähne aus dem Maul, geht hinein und kommt nach einer Weile wieder heraus.

»Und?«, fragen Hase und Fuchs.

»Aufgemuftet«, nuschelt der Bär. »Bin su dick!«

*

Ein Hase sitzt weinend am Wegrand.

»Warum weinst du denn?«, fragt das Kaninchen.

»Der Bär ist gekommen und hat gefragt, ob ich fussele. Ich hab NEIN gesagt und er hat mich als Klopapier benutzt«!

Am anderen Tag sitzt der Hase lachend am Wegrand.

»Schön, dass du wieder lachst!«, ruft das Kaninchen.

»Ja, heute hat der Bär den Igel gefragt!«

*

Kommt ein Frosch zum Bäcker: »Zehn Brötchen, du Blödmann!«

Ganz schön unverschämt, denkt der Bäcker, gibt ihm aber die Brötchen.

Am nächsten Tag wieder das Gleiche. »Zehn Brötchen, du Blödmann!«

Der Bäcker ist sauer: »Wenn du das noch mal sagst, nagle ich dich an die Wand!«

Einen Tag später steht der Frosch wieder da.

»Hast du einen Hammer?«

»Nein, hab ich nicht.«

»Hast du Nägel da?«

»Nein, hab ich auch nicht.«

»Dann gib mir zehn Brötchen, du Blödmann!«

*

Zwei Schweine gehen über den Hof und treffen den Eber.
Das eine Schwein grüßt nicht.
Fragt das andere: »Wieso hast du nicht gegrüßt?«
»Den grüßen? Der hat mich gestern zur Sau gemacht.«

*

Theo war in Spanien und meint, nun alles über Stierkämpfe zu wissen.
»Stiere sind farbenblind. Sie reagieren überhaupt nicht auf Rot. Nur Kühe können Rot erkennen.«
»Und warum werden die Stiere dann so wild, wenn man ihnen ein rotes Tuch hinhält?«
»Weil sie glauben, dass man sie für Kühe hält.«

*

»Wo fehlt's denn?«, fragt die Tierärztin den Mann, der in ihre Praxis kommt.
Auf seinem Kopf hat sich ein großer grüner Frosch festgeklammert. »Mir geht's gut«, sagt der Mann. »Aber fragen Sie den da oben. Er wollte unbedingt zu ihnen.«
»Schluss mit der Diskussion«, quakt der Frosch die Ärztin an. »Sehen Sie nicht, dass ich mir den Mann in den Fuß getreten habe?«

*

Sagt die Kuh zum Polizisten: »Mein Mann ist auch Bulle!«

*

Urlaub auf dem Bauernhof.
Die Kuh soll ein Kälbchen bekommen. Alex steht gespannt im Stall und wartet, was da so alles passieren wird.
Aber die Zeit vergeht und das Kälbchen kommt und kommt nicht.
Da sagt der Bauer zu Alex: »Geh mal raus aus dem Stall, so kommen wir nicht weiter. Wenn die Kuh dich sieht, dann glaubt sie nämlich, sie hätte schon gekalbt!«

*

Auf dem Bauernhof herrscht große Aufregung. Der Fuchs hat sich ein paar Hühner geholt. Da sagt Mama zu Karin: »Siehst du, weil die Hühner nicht brav waren, hat sie der Fuchs gefressen.«
Darauf Karin: »Und wenn sie brav gewesen wären, dann hätten wir sie gegessen!«

*

Auf dem Bauernhof kommt ein Fohlen zur Welt. Tobi und Angie dürfen zuschauen. In der Schule erzählen sie dann, wie das war: »Zuerst kamen die Vorderbeine, dann der Kopf. Später der ganze Körper und zuletzt die Hinterbeine.«
»Toll! Und wer hat dann das ganze Zeug zusammengesetzt?«

Drei Schildkröten sind zu einer Quelle unterwegs. Sie laufen ein Jahr, zwei Jahre, drei Jahre ... endlich sind sie angekommen. Gierig wollen sich die ersten beiden Schildkröten auf das Wasser stürzen, da merkt die dritte, dass sie ihre Trinkbecher vergessen haben.
»Ach, das ist doch egal!«, sagt die erste Schildkröte.
»Ich habe doch so einen Durst!«, klagt die zweite Schildkröte.
»Nein, nein«, sagt die dritte Schildkröte, »also ohne Trinkbecher, das geht doch nicht! Wo bleiben denn eure Manieren! Passt auf, ihr wartet hier und ich gehe zurück und hole unsere Trinkbecher!«
Die anderen lassen sich wohl oder übel darauf ein, setzen sich auf einen Stein und warten. Sie warten ein Jahr, zwei Jahre, drei Jahre ...
Da hält es die eine Schildkröte nicht mehr aus und sagt zur anderen: »Also mir ist jetzt alles egal, ich muss einfach etwas trinken!«
Sie geht zur Quelle, und gerade als sie einen Schluck nehmen will, kommt die dritte Schildkröte hinter einem Busch hervor und sagt: »Also wenn ihr schummelt, gehe ich gar nicht erst los ...«

*

»Sagen Sie mal, Bauer, lohnt sich das eigentlich noch mit ihren Kühen da? Wo es heutzutage doch überall Dosenmilch gibt!«

*

Ferien auf dem Bauernhof. Die Kinder fragen dem Bauern ein Loch in den Bauch.
»Und wie viele Hühner haben sie?«
»Hundert.«
»Und was machen diese Hühner den ganzen Tag?«
»Neunundneunzig legen Eier.«
»Und das hundertste?«
»Das macht die Buchhaltung.«

*

»Was ist eine Fabel?«, fragt der kleine Bruder.
»Eine Fabel ist, wenn sich zum Beispiel eine Gans und ein Esel, so wie wir zwei, miteinander unterhalten«, erklärt die große Schwester.

*

Bauer Ziegler hat den faulsten Hahn der Welt. Wenn morgens die anderen Hähne im Dorf krähen, blickt er nur zur Kirchturmuhr und nickt mit dem Kopf.

*

»Wie viele Ferkel wirft ein Schwein?«
»Wie hoch oder wie weit?«

*

Bauer Ziegler ist so geizig, dass er seinen Hühnern immer wieder Sägemehl ins Futter mischt. Und jetzt laufen auf seinem Hof schon einige Küken mit einem Holzbein herum.

*

»Wenn ihr mir einen Euro gebt, mach ich ein Huhn nach.«
»Okay, da hast du das Geld! Dann gackere mal schön!«
»Wieso gackern? Ich verschlucke jetzt einen Regenwurm.«

*

»Herr Ober, haben Sie Froschschenkel?«
»Selbstverständlich, mein Herr!«
»Das ist gut. Dann hüpfen Sie schnell an die Theke und holen mir ein Bier!«

*

Zwei Kühe auf der Weide.
Plötzlich fängt die eine an zu zittern.
»Was hast du denn?«, fragt die andere.
»Oje«, stöhnt die erste. »Da kommt schon wieder der Melker mit den kalten Händen!«

Die Hasen sind mit der Aufklärung ihrer Kinder noch weit zurück.
»Wie ist das, Mami?«, fragt der kleine Hase. »Die Menschen bringt der Storch. Aber wie bin ich auf die Welt gekommen?«
»Dich hat der Zauberer aus dem Zylinder gezogen.«

*

»Was frisst du eigentlich?«, fragt der Storch den Frosch.
»Fliegen«, sagt der Frosch. »Und was frisst du?«
»Frösche«, antwortet der Storch.
»Frösche? Ja, gibt's denn hier überhaupt welche?«

*

Der kleine Frosch sitzt an der Straßenecke und heult: »Ich mag nicht mehr, ich mag nicht mehr!«
»Was magst du nicht mehr?«
»Immer das Gleiche essen!«
»Wieso?«
»Immer wenn ich in den Supermarkt komme und sage ›Quaak‹, geben mir diese Idioten Quark!«

*

Ein Nerz klopft an die Himmelstür.
Petrus öffnet und sagt: »Weil man dir auf Erden nachgestellt hat, hast du einen Wunsch frei.«
Darauf der Ankömmling schüchtern: »Ein Mäntelchen aus reichen Frauen!«

»Ich dachte, wir hätten von allen Tieren ein Pärchen mit in die Arche genommen«, sagt Noah zu seiner Frau. »Aber jetzt läuft da ein Truthahn ganz allein herum.«
»Du vergisst, dass inzwischen Weihnachten war.«

*

Zwei Igel finden eine Bierpfütze und schlürfen sie aus.
Danach sind sie ordentlich betrunken.
Prahlt der eine: »Wenn jetzt ein Laster kommt, leg ich mich auf die Straße und schlitz ihm die Reifen auf!«

*

»Warum laufen auf diesem Hof so viele Schweine mit Holzbeinen herum?«
»Weil der Bauer nicht wegen jeder Schweinehaxe eine ganze Sau schlachten möchte.«

*

»Geh zum Metzger und schau, ob er Schweineohren hat«, sagt Mama zu Eberhard.
»Und? Hatte er welche?«, fragt sie, als Eberhard wieder zurückkommt.
»Hab nichts sehen können«, sagt Eberhard. »Er hatte eine Mütze auf.«

*

Häschen kommt in den Schreibwarenladen.
»Hattu Luftschlangen?«
»Klar«, sagt der Verkäufer und holt ein Päckchen.
»Hattu auch mit Giftzahn?«

*

Häschen kommt in einen Brillenladen und fragt den Optiker: »Brauchst du Brille?«
»Nein, brauch ich nicht«, sagt der Optiker, »Brillen verkauf ich selber.«
Am nächsten Tag kommt Häschen wieder: »Brauchst du Brille?«
»Nein«, ruft der Optiker. »Brauch ich bestimmt nicht!«
So geht das tagelang. Endlich wird der Optiker wild und brüllt: »Hau endlich ab, ich kann dich nicht mehr sehen!«
Sagt Häschen: »Siehst du! Brauchst du doch Brille!«

*

Häschen rennt in den Schreibwarenladen.
»Hattu Löschpapier?«
»Hab ich«, sagt der Händler.
»Gib mir alles, was du hast!«
»Wieso brauchst du so viel?«
»Bei mir brennt es!«

*

Kommt Häschen zum Apotheker.
»Hattu Möhrchen?«
»Nein«, sagt der Apotheker.
Häschen geht, kommt aber am nächsten Tag wieder.
»Hattu Möhrchen?«
»Nein«, sagt der Apotheker.
So geht das wochenlang.
Da wird es dem Apotheker zu dumm und er hängt ein Schild raus: »Möhren ausverkauft!«
Da kommt Häschen und sagt traurig: »Hattu also doch Möhrchen gehabt!«

*

Häschen geht in die Apotheke.
»Hattu Möhrchen?«
Sagt der Apotheker: »Ja klar, hab ich!«
Sagt Häschen: »Hattu mir meinen Witz versaut!«

*

Häschen kommt ins Rathaus.
Es trifft einen Beamten und fragt: »Hattu Vollmacht?«
»Na klar«, sagt der Beamte, »klar hab ich Vollmacht.«
»Muttu Hose wechseln!«

*

Häschen geht in die Apotheke.
»Hattu Fliegenpilze?«
»Nein, hab ich leider nicht«, sagt der Apotheker.
Häschen kommt am nächsten Tag wieder, fragt: »Hattu Fliegenpilze?« . . . und so geht das vierzehn Tage lang.
Damit er endlich seine Ruhe bekommt, besorgt sich der Apotheker endlich Fliegenpilze.
Häschen kommt wieder in den Laden und fragt: »Hattu Fliegenpilze?«
»Ja«, sagt der Apotheker. »Eigens für dich besorgt.«
»Muttu sofort wegwerfen!«, ruft Häschen. »Sind sehr giftig!«

*

Häschen wählt die Telefonnummer von Metzgermeister Wammerl.
»Hattu Schweinebauch?«
»Ja«, sagt der Metzgermeister.
»Hattu auch Schweinefüße?«
»Ja.«
»Und auch Schweineohren?«
»Ja, hab ich auch.«
»Muttu schrecklich aussehen!«

*

»Sie schießen ja ständig vorbei!«, sagt der Förster zum Sonntagsjäger.
»Macht nichts! Die Hasen sehen jedenfalls meinen guten Willen!«

*

Ferien auf dem Bauernhof: »Toll, wie jede Kuh sofort ihren Platz im Stall findet!«
»Ist kein Kunststück«, meint Max, »wo doch über jedem Platz ein Schild mit dem Namen hängt!«

*

»Was ist das?«, fragt Tina und deutet auf einen Melkschemel.
»Das braucht man, wenn man Kühe melkt«, erklärt man ihr.
»Und wie kriegt man die Kuh so weit, dass sie sich da draufsetzt?«

*

»Der Bauernhof, auf dem wir Ferien machen, hat ganz moderne Kühe.«
»Wieso das?«
»Die liegen cool auf der Wiese herum und kauen Kaugummi.«

*

»Wo hast du das blaue Auge her?«, wird Bauer Ziegler gefragt.
»Meine Kuh hat mir beim Melken ihren Schwanz ins Gesicht geklatscht. Da hab ich ihr dann einen Ziegelstein an den Schwanz gebunden.«

*

Liegen zwei Kühe auf der Weide und glotzen vor sich hin.
»Muh«, sagt die eine.
»Genau das Gleiche wollte ich auch gerade sagen«, meint die andere.

*

Stehen zwei Schafe auf der Weide.
»Mäh«, sagt das eine.
Sagt das andere: »Mäh doch selber!«

*

Unterhalten sich zwei Ochsen.
»Ich bin doch der größte Depp«, sagt der eine.
»Ich schufte von früh bis spät für meinen Bauern. Ackern, Wagen ziehen, eggen, alles muss ich machen. Und nie Urlaub!«
»Schreib doch an den Tierschutzverein«, meint der andere.
»Ja, aber wenn der Bauer merkt, dass ich Maschineschreiben kann, dann muss ich auch noch Buchhaltung machen!«

Der Hamster hat vom bösen Wolf Waldverbot bekommen. Er will nun aber aus dem Wald dringend ein Kraut für seine kranke Frau holen. Also sitzt er da und überlegt nach einer Möglichkeit, es zu beschaffen. Er fragt den Adler, ob er ihn heimlich mit hineinnehmen könnte. »Nein, bist du verrückt«, sagt der Adler, »dann krieg ich auch noch Waldverbot!«

Da kommt der Bär vorbei. »Hallo, Bär!«, bettelt der Hamster. »Du könntest mich doch in den Wald mitnehmen, in deiner Brusttasche ist noch Platz und du bist doch auch viel stärker als der Wolf.«

»Na gut«, sagt der Bär, »komm in meine Brusttasche!«

Als der Bär durch den Wald läuft und für den Hamster das Kraut sucht, steht plötzlich der böse Wolf vor ihm. »Taschenkontrolle!«, knurrt er. »Der Adler hat mir verraten, dass der Hamster sich in meinen Wald schmuggeln wollte.«

»Na gut«, brummt der Bär und kramt den ganzen Inhalt aus seiner Brusttasche.

»Hier ein Kamm, ein Taschentuch, eine Nagelfeile und hier . . . (er klopft dreimal kräftig mit der Faust auf seine Brusttasche) ein Foto vom Hamster.«

*

Paul spielt dem Vater seine neue Heavymetal-CD vor.
»Papi, hast du schon mal einen so tollen Sound gehört?«
»Ja, und zwar vor drei Wochen, als auf der Kreuzung dieser Milchkannen-Lastwagen mit dem Schweinetransporter zusammengestoßen ist. Aber gut find ich sie trotzdem!«

Dickhäuter & andere Trampeltiere

Im Hotel beschwert sich eine Frau: »In meinem Zimmer quietscht nachts eine Maus!«
»Kein Problem!«, sagt der Besitzer. »Ich komme gleich und öle sie Ihnen!«

*

Der Wanderzirkus verlädt seine Tiere in Eisenbahnwagen. Es herrscht überall große Hektik. Als der Elefant einsteigt, drängelt die Maus nach. Da dreht sich der Elefant um und sagt: »Nun drängele doch nicht so!«
Erwidert die Maus: »Weißt du was? Rutsch mir doch den Buckel runter!«

*

»Was macht dein Vater?«
»Er arbeitet im Zirkus.«
»Als was?«
»Er dressiert Elefanten.«
»War er denn nicht früher in einem Flohzirkus?«
»Ja, aber da hat er noch besser gesehen.«

*

»Bist du aber klein!«, sagt der Elefant zur Maus.
»Das glaub ich«, meint die Maus. »Wo ich doch jetzt drei Wochen so krank war!«

Heiner ist ein technisches Genie. Er hat eine moderne, automatische Mausefalle konstruiert.
»Hat sie funktioniert?«, fragt er seine Mutter, als er von der Schule nach Hause kommt.
»Ganz super!«, sagt sie. »Drei Mäuse liegen schon davor, weil sie sich totgelacht haben!«

*

Maus und Elefant gehen über eine Holzbrücke. »Hör nur, wie wir trampeln!«, piepst die Maus.

*

Maus und Elefant wollen über die Grenze, aber der Elefant hat seinen Pass vergessen und soll zurück. Da kauft die Maus ein Brötchen, schneidet es durch und klebt dem Elefanten die eine Hälfte auf den Kopf und die andere Hälfte aufs Hinterteil. So gehen sie wieder zur Kontrollstelle. Die Maus zeigt ihren Ausweis vor.
»Und was ist das?«, fragt der Grenzer und deutet auf den Elefanten.
»Das da?«, sagt die Maus. »Na, ein belegtes Brötchen. Das ist mein Reiseproviant!«

*

Der vergessliche Professor hat einen Elefanten operiert.
»Also, diesmal haben wir bestimmt keine Instrumente im Patienten liegen lassen!«
Doch auf einmal wird er unruhig.
»Wo ist denn bloß Schwester Hilde?«

*

Die Maus sitzt im Kino und sieht sich einen Film an. Da kommt der Elefant und setzt sich direkt vor die Maus, sodass ihr die Sicht versperrt ist. Nach einiger Zeit springt die Maus wütend auf, rennt nach vorne und setzt sich genau vor den Elefanten. Sie dreht sich um und zischelt: »So! Jetzt kannst du mal sehen, wie das ist, wenn sich einer so genau vor dich hinsetzt!«

*

»Jetzt geht's aber rund«, sagte die Maus, nachdem sie in die Waschtrommel gefallen war.

*

»Du Mami«, sagt die kleine Maus. »Ich möchte auch einen Elefanten.«
»Wie stellst du dir das vor«, sagt die Mäuse-Mama. »Woher sollen wir einen Elefanten nehmen?«
»Wir gehen in den Zoo und klauen uns einen.«
»Das geht nicht. Die werden alle gezählt.«

Maus und Elefant kommen zu einer alten, wackligen Holzbrücke.
»Das sieht verdammt gefährlich aus«, sagt die Maus.
»Weißt du was? Ich geh voran – wenn sie hält, kannst du nachkommen.«

*

Maus und Elefant schleichen über die Kellertreppe.
»Pass auf!«, sagt die Maus. »Hier stehen Mausefallen!«

*

Die Maus und der Elefant gehen durch die Wüste. Die Maus ist froh, dass sie im Schatten des Elefanten gehen kann. Allmählich aber bekommt sie ein schlechtes Gewissen.
»Wir können ja dann tauschen, wenn es dir zu heiß wird!«

*

Zwei Mäusekinder gehen spazieren. Da fliegt eine Fledermaus vorbei. Sagt die eine Maus zur anderen: »Wenn ich groß bin, werde ich auch Pilot!«

*

Gehen eine Maus und ein Elefant über eine Brücke. Fragt der Elefant: »Warum wackelt denn die Brücke so?«
Sagt die Maus: »Ich habe heut meine schweren Stiefel an.«

Treffen sich zwei Mäuse. Sagt die eine: »Ich bin ja so verliebt!« Fragt die andere: »Hast du ein Foto von ihm?« Holt die erste ein Bild heraus und zeigt es ihrer Freundin. Diese schreit entsetzt auf: »Das ist ja eine Fledermaus!«
»Oh nein, zu mir hat er gesagt, er ist Pilot!«

*

Im Elefantengehege gibt es einen fürchterlichen Knall. Nur der Tierwärter bleibt cool und sagt zum Elefanten: »Wie oft habe ich dir schon gesagt, du sollst deine Kaugummi-Blasen nicht platzen lassen!«

*

Ein Elefant setzt sich aus Versehen in einen Ameisenhaufen. Sofort krabbeln Tausende Ameisen auf den Elefanten. Der Elefant schüttelt sich und die Ameisen fallen alle wieder herunter, bis auf eine. Sie kann sich am Hals des Elefanten festhalten. Da rufen die anderen Ameisen ganz laut: »Würg ihn, Ede, würg ihn!«

*

Mutter Maus geht mit ihrem Sohn spazieren. Da treffen sie einen Kater. Plötzlich bellt Mutter Maus ganz laut und der Kater sucht das Weite.
Meint Mutter Maus: »Es ist doch immer gut, Fremdsprachen zu beherrschen!«

Der größte Elefant im Berliner Zoo ist an Altersschwäche gestorben.
Sein Wärter ist untröstlich.
Schließlich sagt der Zoodirektor zu ihm: »Hören Sie mal, das ist doch lächerlich, wegen eines Elefanten so ein Theater zu machen! Wir kaufen bald einen neuen!«
»Ja, schon«, jammert der Wärter, »und wer muss wieder wie letztes Mal das Grab schaufeln?«

*

Kommt ein betrunkener Marienkäfer im Zoo ins Elefantenhaus und ruft: »Ist die Elefantendame Mimi da?«
»Nein«, sagen die anderen Elefanten, »die ist heute nicht da!«
»Dann richtet ihr einen Gruß aus, und sagt, ihr Macker war da«, sagt der Marienkäfer.

*

Ein bisschen neidisch betrachtet die dicke Elefantendame Molli die kleinen Zebramädchen.
»Das kommt von ihren Streifen«, seufzt sie. »Streifen machen schlank.«

*

Warum trinkt die Maus keinen Schnaps? Sie hat Angst vor dem Kater.

»Warum haben Elefanten rote Augen?«
»Weiß ich nicht.«
»Damit sie sich besser im Kirschbaum verstecken können.«
»Aber ich habe noch nie einen Elefanten in einem Kirschbaum gesehen!«
»Da kannst du mal sehen, wie gut die sich verstecken können!«

*

Zwei Mäuse haben im Wald einen Elefanten aufgestöbert.
Sagt die eine: »Toll, den braten wir uns. Du bewachst ihn, ich hole inzwischen Feuerholz!«
Als sie zurückkommt, steht die andere Maus alleine da und jammert: »Der Elefant ist weggelaufen!«
»Lüg doch nicht, du kaust ja noch!«

*

Sagt die Maus zum Elefanten: »Elefant, komm mal raus aus dem Wasser!«
Der Elefant sagt: »Nein, ich schwimme gerade so schön!«
»Bitte komm doch, Elefant!«, bettelt die Maus.
Der Elefant kommt aus dem Wasser.
Sagt die Maus: »Gut, kannst wieder reingehen. Ich wollte nur sehen, ob du meine Badehose anhast!«

*

»Elefanten würde ich an Ihrer Stelle lieber nicht malen«, warnt der Zoowärter den Maler.
»Die sind nämlich sehr nachtragend.«

Schoßhündchen & Stubentiger

»Ich möchte einen Wachhund«, sagt der Kunde.
»Da habe ich das Beste vom Besten«, schwärmt der Tierhändler. »Goldmedaille bei der Hunde-Olympiade, zweimal Weltmeister im Gangsterfangen, Ehrenurkunde beim Bellwettbewerb der ARD. Und kostet nicht mehr als zehntausend Euro.«
»Hören Sie«, sagt der Kunde, »wenn ich Ihnen zehntausend Euro für diesen Wachhund gebe, dann wird er nichts mehr zum Bewachen haben.«

*

Erik kommt zur Stadtverwaltung.
»Ich möchte die Hundesteuer bezahlen«, sagt er.
»Aha. Auf welchen Namen bitte?«
»Struppi«, sagt Erik.

*

»Sag mal, ist das dein Hund, der die ganze Nacht lang bellt?«
»Ja. Oder glauben Sie vielleicht, ich hätte Zeit für so einen Quatsch?«

*

Herr Gschwendner kauft sich eine Dogge.
»Mag der Hund auch kleine Kinder?«, erkundigt er sich vorsichtshalber beim Züchter.
»Oh ja«, sagt der. »Aber billiger kämen Sie mit Hundekuchen hin.«

Beate ist sehr traurig.

»Mein Strolchi ist entlaufen«, klagt sie.

»Gib doch eine Anzeige in der Zeitung auf!«, rät man ihr.

»Nützt doch nichts. Mein Strolchi kann ja nicht lesen.«

*

»Es soll Hunde geben, die intelligenter sind als ihr Herrchen«, sagt Thomas.

»Na klar«, erwidert Bernd. »So einen habe ich auch!«

*

»Vorsicht Hund!«, steht am Gartentor der Zinkls. Da geht Susanne lieber nicht hinein, sondern läutet brav. Frau Zinkl kommt heraus. Hinter ihr schleicht ein mickriges Hündchen, kaum größer als eine Maus.

»Wegen dieses Winzlings hätten Sie das Schild aber nicht anbringen müssen!«, sagt Susanne und lacht.

»Doch!«, antwortet Frau Zinkl. »Mir ist wichtig, dass die Leute nicht auf ihn drauftreten.«

*

»Ist euer Hund wachsam?«

»Und wie! Der bellt sogar, wenn ich nur von Einbrechern träume!«

*

»Wie bringen Sie am Morgen ihren Sohn aus den Federn, Frau Hofmeister?«
»Ganz einfach. Ich schieb ihm einen Hundekuchen unters Kopfkissen.«
»Aha. Und das hilft?«
»Nicht direkt. Ich muss dann noch zu unsrem Bernhardiner sagen: ›Hol 's Fressi!‹«

*

»Manchmal wünschte ich, ich wäre ein Hund!«, sagt Papa.
»Wieso denn?«
»Dann würden andere Leute für mich Steuern bezahlen!«

*

»Könnte man nicht meinen Mops so operieren, dass er aussieht wie ich?«, fragt die Dame im Hundesalon.
»Im Prinzip schon«, erwidert der Besitzer des Hundesalons.
»Aber preiswerter und erfolgversprechender wäre es, Sie, gnädige Frau, ließen sich so operieren, dass Sie aussehen wie ihr Mops.«

*

»Wie heißt denn dein Hund?«
»Der hat keinen Namen.«
»Warum das?«
»Der kommt ja doch nicht, wenn man ihn ruft.«

»Ist der Hund treu?«, fragt der Kunde.
»Und ob«, sagt der Verkäufer. »Ich hab ihn schon fünf Mal verkauft, und immer ist er wieder zu mir zurückgekommen.«

*

»Ich möchte den kaufen, der gestern als der beste Wachhund der Welt ausgezeichnet wurde.«
»Den habe ich nicht mehr«, sagt der Tierhändler, »der wurde mir heute Nacht geklaut.«

*

»Der Hund, den Sie mir verkauft haben, taugt nichts«, schimpft Herr Meisenbrink. »Heute Nacht hat er so laut gebellt, dass ich die Einbrecher nicht gehört hab.«

*

»Früher hat mir mein Waldi schon am Morgen die Zeitung ans Bett gebracht«, sagt Herr Moser.
»Und warum tut er es jetzt nicht mehr?«
»Mein Nachbar hat die Zeitung abbestellt!«

*

»Mein Hund kann mich schon auf fünfzig Meter riechen!«
»Dann würde ich mich aber einmal waschen!«

*

»Verdammt noch mal, wissen Sie denn nicht, dass ihr Hund die ganze Nacht bellt!«, schimpft der Nachbar.
»Da machen Sie sich mal keine Sorgen«, sagt Frau Schmalstich. »Dafür pennt er den ganzen Tag.«

*

Bernadette liebt ihren Dackel über alles. Bevor er aus einer Pfütze trinken darf, fährt sie ein paarmal mit dem Roller durch, damit alle Bakterien tot sind.

*

»Da habt ihr aber einen wunderschönen Schneemann gebaut«, sagt Frau Nüsslein zu den Nachbarskindern. »Der sieht genau aus wie mein Wolfi!«
»Muss er auch«, sagen sie. »Ihr Wolfi steckt schließlich drin!«

*

Treffen sich zwei Hunde.
»Du«, sagt der eine, »heute werden im Park neue Bäume gepflanzt.«
»Toll«, sagt der andere, »das muss begossen werden!«

*

»Lässt dein Hund Fremde an sich heran?«
»Klar. Wie soll er sie sonst beißen?«

»Wer sieht besser als der Mensch?« – »Die Katze!«
»Wer hört besser als der Mensch?« – »Der Hund!«
»Wer riecht besser als der Mensch?«
»Die Rose!«

*

Über der Rolltreppe hängt ein Plakat: AUF DER ROLLTREPPE MÜSSEN HUNDE GETRAGEN WERDEN!
»Oje, oje«, jammert Frau Molle. »Wo soll ich jetzt so schnell einen Hund hernehmen?«

*

»Möchtest du einen Hund haben?«
»Ja, gerne. Aber meine Mama lässt keinen Hund ins Haus.«
»Und dein Vater?«
»Ja, der darf schon rein.«

*

Dieter gibt mächtig an mit seinem Hund. Mit geheimnisvoller Miene vertraut er seinem Freund an: »Mein Waldilein ist ein Polizeihund!«
»Was? Dieser winzige Köter!«, lacht der.
»Das sieht man ihm aber nicht an!«
»Soll man auch nicht. Er ist bei der Geheimpolizei!«

*

Jutta hat einen jungen Bernhardiner bekommen und führt ihn zum ersten Mal durch die Siedlung. Da kommt ihnen ein netter alter Herr entgegen.
»Würden Sie bitte meinen Hund streicheln?«, fragt ihn Jutta.
»Du liebst ihn offenbar sehr?«, fragt der Herr.
»Das auch«, antwortet Jutta. »Aber ich will eigentlich nur sehen, ob er beißt.«

*

Mister McNamara pokert mit seinem Hund. Da kommt ein Bekannter und wundert sich: »Also, so einen intelligenten Hund habe ich in meinem ganzen Leben noch nicht gesehen!«
Mister McNamara kichert: »So klug, wie Sie meinen, ist er nun auch wieder nicht. Immer, wenn er ein gutes Blatt hat, wedelt er mit dem Schwanz und verrät sich!«

*

Opa wird neunzig. Die Familie bereitet ein Riesenfest für ihn vor. Jeder hilft, so gut er kann. Plötzlich stellt man fest, dass zwei Kilo Wurst fehlen.
»Die hat die Katze gefressen«, behaupten die Kinder.
»Okay«, sagt Vati. »Das werden wir gleich haben.«
Er holt die Katze und setzt sie auf die Küchenwaage. Die Waage zeigt genau zwei Kilo an.
»Also«, meint Vati. »So weit ist alles klar. Hier ist also die Wurst. Und nun frage ich euch: ›Wo ist die Katze‹?«

Zwei Dackel stehen vor der Metzgertür.
»Kommst du mit rein?«
»Aber hier steht doch ›Für Hunde verboten!‹.«
»Die wissen doch nicht, dass wir lesen können!«

*

Jakob kommt in eine Kneipe und bestellt sich ein Mittagessen.
Als der Erbsentopf kommt, erscheint auch der Hund des Wirts und der wendet keinen Blick mehr von Jakob und dem Essen.
»Wirt!«, schreit Jakob. »Hast du deinem Hund heute noch nichts zu fressen gegeben?«
»Doch«, sagt der Wirt. »Aber der Hund kennt eben seinen Teller.«

*

Die kleine Eva streichelt ihre Katze und das Tier beginnt zu schnurren.
Erschrocken ruft Eva: »Mami, wo stellt man den Motor ab?«

*

Zwei Katzen sitzen vor einem Vogelkäfig und beobachten den Vogel.
Sagt die eine: »Das ist kein Kanarienvogel, der ist ja grün.«
Sagt die andere: »Vielleicht ist er noch nicht reif.«

Ein Wachhund zum andern: »Hörst du nichts?«
»Doch.«
»Und warum bellst du dann nicht?«
»Na, dann höre ich doch nichts mehr!«

*

Frau Maier geht mit einem prächtigen Rassehund spazieren. Ein Bekannter staunt: »Was für ein herrlicher Hund! Er hat bestimmt einen Stammbaum!«
»Nicht dass ich wüsste. Soviel ich weiß, pinkelt er unter jeden Baum.«

*

»Hallo, ist dort der Tierschutzverein? Kommen Sie sofort! Bei mir sitzt ein unverschämter Briefträger auf dem Baum und bedroht meine Dogge!«

*

»Haben Sie aber einen schönen Windhund!«
»Ja, und einen Ehrgeiz hat das Tier! Als ich es kaufte, war es noch ein Dackel.«

*

»Hast du schon gehört, der Hund von Jutta kann sprechen.«
»Ja, ich weiß. Mein Hund hat es mir schon erzählt.«

Es gibt das alte Sprichwort: »Hunde, die bellen, beißen nicht«.
Was Briefträger so unglaublich schlimm an diesem Sprichwort finden?
Dass es kaum ein Hund kennt!

*

Ein Schäferhund trifft einen Mops und grinst.
»Was hast du denn angestellt? Bist wohl mit hundert Sachen gegen eine Mauer gerast!«

*

»Kannst du mich einmal besuchen?«, fragt die hübsche Hundedame unseren Bello.
»Unmöglich«, sagt Bello. »Bin total gestresst!«
»Vielleicht morgen Vormittag?«
»Kommt der Postbote. Muss ich bellen.«
»Morgen Mittag?«
»Kommt Herrchen. Muss ich begrüßen!«
»Morgen Nachmittag?«
»Kommt Nachbars Schnauzi vorbei. Muss ich knurren!«
»Wie wär's am Sonntag?«
»Da schon gar nicht. Kriegen wir Besuch. Muss ich mit dem Schwanz wedeln!«

*

Beim Hundepsychiater: »Herr Doktor, was soll ich machen? Mein Bello jagt immer hinter Kleinwagen her!«
»Und was ist da so schlimm? Der erwischt ja doch keinen.«
»Normalerweise nicht. Aber wenn er einen kriegt, dann vergräbt er ihn im Garten!«

*

Sagt die Millionärin: »Mein Hundidarling war gestern sehr, sehr unfolgsam. Darum muss ich ihn leider sehr hart bestrafen.«
»Um Gottes willen«, sagt die Freundin. »Hoffentlich bestrafst du ihn nicht zu hart!«
»Doch. Was sein muss, muss sein! Er darf eine Woche lang nicht mehr das Halsband mit den Diamanten anziehen!«

*

Sagt ein Hund zum anderen: »Du siehst aber schlecht aus. Du solltest mal zum Arzt gehen.«
»War ich schon. Der hat nichts gefunden.«
»Dann geh doch mal zum Psychiater!«
»Zwecklos. Ich darf ja doch nicht auf die Couch.«

*

Treffen sich zwei Hunde im Park. Fragt der eine: »Ich heiße Arko vom Schlosshof. Und du, bist du auch adelig?«
Sagt der andere: »Ja, ich heiße Runter vom Sofa!«

Herr Müller erzählt: »Ich wollte meinen Hund erziehen. Er sollte bellen, wenn er fressen will. Hundert Mal habe ich es ihm vorgemacht.«
»Na, bellt er jetzt, wenn er fressen will?«
»Nein, aber er frisst nur, wenn ich belle!«

*

»Nanu«, staunt der Uhrmacher über seinen Kunden, »warum bringen Sie denn Ihren Dackel zu mir?«
»Er bleibt alle fünf Minuten stehen!«

*

Eine Katze und eine Maus kommen in eine Bäckerei. »Ich möchte bitte ein Stück Pflaumenkuchen mit Sahne«, sagt die Maus.
»Und Sie?«, fragt die Verkäuferin die Katze.
»Ich möchte nur einen Klacks Sahne auf die Maus.«

*

»Mein Hund kann mit der Pfote die Haustür öffnen«, prahlt Herr Hohlmüller.
»Na und?«, meint Frau Superschmidt. »Meiner hat seinen eigenen Haustürschlüssel!«

*

Gehen zwei Hunde durch die Wüste. Sagt der eine: »Wenn nicht gleich ein Baum kommt, dann passiert ein Unglück.«

*

»Unsere Katze hat bei einer Vogelausstellung den ersten Preis geholt!«
»Wieso denn das?«
»Die Käfigtür stand offen!«

*

Sagt der Kunde zum Friseur: »Ihr Hund scheint Spaß daran zu haben, zuzuschauen, wie Sie Ihren Kunden die Haare schneiden.«
»Stimmt – manchmal fällt dabei auch ein Ohr für ihn ab.«

*

Ein Polizist stoppt ein Auto. Am Steuer sitzt ein Hund.
»Sind sie wahnsinnig?«, brüllt der Polizist den Mann auf dem Beifahrersitz an.
»Sie können doch Ihren Hund nicht das Auto lenken lassen!«
»Nun machen sie aber mal einen Punkt!«, meint der Beifahrer. »Das ist nicht mein Hund und auch nicht mein Auto. Ich bin nur ein Anhalter!«

*

»Unser Hund lügt«, sagt Murksmeier zu seinem Freund.
»Ach was, Hunde können doch nicht lügen!«
»Pass mal auf, ich kann es beweisen: Bello, wie macht die Katze?«
»Wau, wau, wau!«
»Siehst du!«

*

»Herr Doktor, mein Hund hat alle meine Abführtabletten weggefressen! Was soll ich tun?«, fragt eine aufgeregte Dame am Telefon.
»Gassi gehen, aber rasch!«, antwortet der Tierarzt.

*

»Sie haben mir diesen Hund als erstklassigen Wachhund verkauft! Er soll sogar Wachhund bei einem Multimillionär gewesen sein!«
»Ja, das stimmt.«
»Aber gestern wurde bei mir eingebrochen. Hundert Euro haben mir die Gauner geklaut. Und ihr erstklassiger Wachhund, was macht der? Der hat nicht ein einziges Mal gebellt!«
»Ja, lieber Herr! Wegen lächerlicher hundert Euro macht natürlich ein Wachhund, der einmal bei einem Multimillionär war, sein Maul nicht auf!«

*

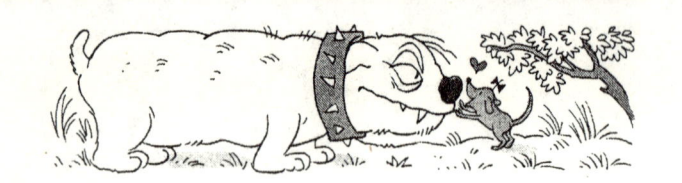

Dirk geht zum Schiedsrichter und erkundigt sich: »Herr Schiedsrichter, wie heißt Ihr Hund?«
»Ich habe gar keinen Hund!«
»Schlimm, schlimm«, sagt Dirk. »Blind, taub und dann noch nicht mal einen Hund . . .«

*

»Pass auf! Wenn du drei Katzen hast und noch mal drei Katzen, wie viele Tiere hast du dann?«
»Sechs Tiere.«
»Gut! Und wenn du eine Katze hast und dazu einen Vogel und einen Maikäfer, wie viele Tiere hast du dann?«
»Ein Tier!«
»Falsch!«
»Nein, richtig! Der Vogel frisst den Maikäfer und die Katze den Vogel. Macht ein Tier!«

*

Beim Hundeverkäufer. »Ich möchte den Boxer mit den treuen Augen kaufen.«
»Gern, aber den anderen Hund aus dem Zwinger müssen Sie dann auch nehmen.«
»Warum denn das?«
»Er ist der Trainer des Boxers!«

*

Ein Typ mit einem Dobermann und ein Typ mit einem Pudel treffen sich. Sagt der Typ mit dem Dobermann: »Los, lass uns in dem Restaurant da drüben essen gehen.«
Antwortet der andere: »Wir kommen da mit den Hunden nicht rein.«
Der Dobermann-Typ sagt: »Lass mich nur machen!« Er setzt seine Sonnenbrille auf und geht lässig zum Restaurant.
Der Portier weist ihn zurück: »Tut mir leid, aber mit dem Hund kommen Sie hier nicht rein!«
»Verstehen Sie bitte«, antwortet der Typ mit dem Dobermann, »das ist mein Blindenhund.«
Der Portier sagt: »O.K. Sie können reingehen.«
Der Typ mit dem Pudel sieht sich das an, setzt seine Sonnenbrille auf und versucht es auch.
Der Portier sagt wieder: »Mit Hund kommen Sie hier nicht rein.«
Der Typ mit dem Pudel sagt: »Das ist aber mein Blindenhund!«
»Ein Pudel?«, fragt der Portier.
Darauf der Typ: »Was??? Sie meinen, die haben mir einen Pudel gegeben?«

*

»Ist denn Ihr neuer Wachhund sehr scharf?«, fragt Herr Müller.
»Und wie! Seit drei Tagen versuche ich vergeblich, in mein Haus zu kommen.«

*

Anruf beim Tierarzt.
»Hallo, Herr Doktor, meine Frau kommt gleich zu Ihnen mit unserer alten Katze. Geben Sie ihr bitte eine Spritze, damit sie ruhig und friedlich einschläft.«
Doktor: »Ja, mache ich. Und die Katze findet dann alleine nach Hause?«

*

Als ein Gast eine Tiroler Hotelpension betritt, springt ein kleiner Hund bellend an ihm hoch. Der Gast fragt den alten Portier: »Beißt Ihr Hund?«
»Na, der beißt net.« Der Gast bückt sich zu dem kleinen Hund hinunter, um ihn zu tätscheln. Der Hund knurrt und verbeißt sich wie wild in die Hand des Gastes.
»Aber Sie haben doch gesagt, Ihr Hund beißt nicht!«
»Des is net mei Hund.«

*

Geht ein kleines Kätzchen in die Bar. Fragt der Wirt: »Ein Glas Milch wie üblich?«
»Nein, heute will ich einen doppelten Whisky«, antwortet das Kätzchen.
»Warum denn einen Whisky?«
»Ich will morgen auch einmal mit einem Kater aufwachen.«

*

Kommt ein Mann in die Tierhandlung.
»Der Goldhamster, den sie mir gestern verkauft haben, ist heute Morgen gestorben!«
Meint der Verkäufer: »Komisch, das hat er bei mir nie gemacht.«

*

Bringt es Unglück, wenn einem eine schwarze Katze über den Weg läuft?
Einem Menschen nicht. Einer Maus schon.

*

»Du hast aber einen komischen Hund. Der besteht doch nur aus Zotteln und Haaren. Bei dem weiß man ja gar nicht, wo vorn und hinten ist!«
»Doch, das weiß man schon. Da musst du nur aufpassen, auf welcher Seite er bellt. Das ist vorn!«

*

»Nehmen Sie doch den Hund weg! Der bellt ja wie verrückt!«
»Regen Sie sich doch nicht auf«, meint der Besitzer. »Wissen Sie denn nicht, dass bellende Hunde nicht beißen?«
»Ich weiß das schon. Aber ob das Ihr verdammter Köter auch weiß?«

*

»Mein Wachhund ist sehr mutig«, sagt Felix. »Der traut sich nachts sogar allein im Garten zu schlafen!«

*

»Ich hab einen wahnsinnig klugen Hund«, sagt Moni.
»Als ich gestern mit ihm spazieren ging, sagte ich: ›Bello, haben wir nichts vergessen?‹ Und was glaubt ihr, hat er getan, der Bello? Er hat sich hingesetzt, hat sich hinter dem Ohr gekratzt und nachgedacht, was wir vergessen haben!«

*

In der Tierhandlung: »Sie, Ihre Katze können Sie sich an den Hut stecken! Sie haben behauptet, sie sei gut für Mäuse!«
»Und? Ist sie das nicht?«
»Die rührt überhaupt keine Mäuse an!«
»Ist das denn nicht gut für Mäuse?«

*

Susanne ist in den Ferien nach Wien gefahren.
Dort geht sie in ein Schreibwarengeschäft.
»Haben Sie eine Ansichtskarte mit einer Wurst drauf?«
»Mit einer Wurst?«
»Ja, ich möchte sie meinem Fifi schicken.«

*

»Sagen Sie mal, Ihr Hund ist ja zum Fürchten. Wo haben Sie denn dieses schreckliche Vieh her?«
»Den Leo? Der ist mir in Afrika zugelaufen. Ich habe ihm nur die Mähne etwas stutzen lassen.«

*

»Wieso kann Emil eigentlich nicht schwimmen?«
»Das kommt daher, weil er einen Hund hat, der früher bei der Wasserwacht war. Immer, wenn Emil ins Wasser ging, kam der Hund und hat ihn rausgezogen.«

*

»Herr Apotheker, meine Katze ist krank«, sagt Leoni. »Haben Sie vielleicht eine Medizin für sie?«
»Natürlich«, sagt der Apotheker, »ich habe ziemlich viel Medizin, die für die Katz ist.«

*

»Sag mal, die Katze hat den Pudding ausgeleckt, und du siehst zu? Warum hast du denn nichts gesagt?«
»Mami, du weißt doch, seit gestern bin ich mit der Katze sauer. Und darum rede ich nicht mehr mit ihr!«

Gummiadler & andere Bruchpiloten

»Warum willst du dich unbedingt scheiden lassen?«, fragt die Buchfinkendame ihre Nachbarin.
Die Nachbarin seufzt: »Mein Mann hat eine Meise.«

*

Fünfzehn Entenküken wollen ins Kino. Da latscht noch ein Küken vorbei und alle Küken rufen: »He du, komm doch zu uns, der Film ist erst ab sechzehn!«

*

»Stimmt es, dass du einen unglaublich faulen Hahn hast?«
»Stimmt! Wenn dein Hahn kräht, nickt meiner nur mit dem Kopf!«

*

»Sag mal, Herbert, hast du dem Papagei all die Schimpfwörter beigebracht?«
»Nein, ganz im Gegenteil. Ich habe ihm nur gesagt, welche Wörter er nicht benutzen darf.«

*

Der kleine Kuckuck hat sich verflogen. Jetzt ist er über dem Ozean.
Verzweifelt schreit er: »Kuckuck, kuckuck!«
Da taucht aus dem Meer ein Haifisch auf und sagt mit einem Augenzwinkern: »Hai!«

»Hast du schon mal eine Taube gesehen, die auf dem Kopf stand?«
»Nee, und du?«
»Ich schon!«
»Wo?«
»Auf dem Goethe-Denkmal!«

*

»Und von der Brieftaubenzucht können Sie leben?«
»Gut sogar! Morgens verkaufe ich zwanzig Tauben und am Abend sind sie wieder hier!«

*

»Also, das geht nicht«, beschwert sich Rudi. »Mein Bruder schleppt eine Ziege an und will sie in unserem Kinderzimmer unterbringen! Dieser Gestank!«
»Mach halt das Fenster auf!«, sagt Papa.
»Ja, und meine Papageien und der Truthahn und die Gänse, die Eule und meine Enten, was ist mit denen? Die fliegen dann fort!«

*

»Unser Papagei kann alles nachmachen, sogar Blockflötenspiel!«
»Toll! Und wie hält er die Flöte?«

Ein Indianer in voller Kriegsbemalung geht in eine Bar, auf seiner Schulter sitzt ein wunderschöner, großer bunter Papagei. Er bestellt Feuerwasser. Der Barkeeper starrt den Indianer mit dem wunderschönen, großen bunten Papagei lange an und gibt ihm das Feuerwasser. Dann fragt er: »Der ist ja wunderschön, woher haben Sie ihn denn?«
Antwortet der Papagei: »Aus der Prärie, da gibt es Tausende von denen.«

*

Eine ältere Dame kommt in eine Zoohandlung und schaut sich die vielen Tiere an. Vor dem Papageienkäfig bleibt sie stehen und fragt: »Na, du bunter Vogel, kannst du auch sprechen?«
Darauf der Papagei: »Na, du alte Krähe, kannst du auch fliegen?«

*

Zwei Vertreter flunkern. Sagt der eine: »Ich habe unlängst einer Frau eine Waschmaschine verkauft, dabei hatte die gar keinen Stromanschluss!«
»Das ist gar nichts!«, sagt der andere. »Ich habe einem Mann eine Kuckucksuhr angedreht und ihm dazu zwei Zentner Vogelfutter verkauft!«

*

Kommt ein Huhn in den Elektroladen: »Ich hätte gern 'ne Legebatterie!«

*

Die Mutter erklärt Fritzi: »Ein Pferd fohlt, die Kuh kalbt und so weiter.«
Fragt Fritzi: »Und wann eiert unser Vogel?«

*

Ein Einbrecher klettert durchs Fenster in ein Haus. Plötzlich hört er eine Stimme: »Ich kann dich sehen und Jesus und Petrus sehen dich auch!« Der Dieb erschrickt, sieht sich um, kann aber nichts erkennen. Im nächsten Zimmer hört er wieder die Stimme: »Ich kann dich sehen, und Jesus und Petrus sehen dich auch!«
Da sieht er einen Papagei in seinem Käfig sitzen. Der Dieb ist beruhigt und fragt den Papagei: »Wie heißt du denn?«
Papagei: »Jerusalem!«
Der Dieb: »Was für ein saublöder Name für einen Papagei!«
Papagei: »Ja, aber nicht so dumm wie Jesus und Petrus für einen Rottweiler und einen Dobermann.«

*

Kommt ein Hahn mit einem Straußenei auf seine Hühnerfarm: »Mädels, ich will ja nicht meckern, aber guckt mal, was die Konkurrenz macht!«

»Jetzt bist du schon so alt und hast wieder ins Nest gemacht«, schimpft die Taubenmama mit dem Taubenbaby. »Es wird endlich Zeit, dass du lernst, rüber aufs König-August-Denkmal zu fliegen!«

*

Kommt ein Mann in die Zoohandlung und verlangt einen Kanarienvogel, der gut singen kann.
Der Verkäufer zeigt ihm einen.
»Aber der hat ja nur ein Bein!«, beschwert sich der Mann.
»Wollen Sie nun einen Sänger oder einen Tänzer?«

*

»Wir haben da ein Prachtexemplar, gnädige Frau«, sagt der Verkäufer zur Kundin, die einen Papagei erstehen will, »der spricht sogar Englisch und Französisch.«
»Wann spricht er denn Englisch?«, fragt die Kundin.
»Wenn Sie an dem Faden an seinem linken Fuß ziehen.«
»Und wann spricht er Französisch?«
»Wenn Sie am Faden an seinem rechten Fuß ziehen.«
»Und was geschieht«, bohrt die Kundin weiter, »wenn ich an beiden Fäden gleichzeitig ziehe?«
Krächzt der Papagei: »Dann fall ich auf den Schnabel, dumme Gans!«

*

In der Zoohandlung: »Ich möchte den Papagei umtauschen. Er erzählt laufend unanständige Witze.«
»Das stört Sie, gnädige Frau?«
»Nein, aber ich kenne sie jetzt alle.«

*

Kommt ein Huhn in einen Lebensmittelladen: »Könnte ich bitte zwei Eierkartons haben? Wir wollen verreisen und die Kinder mitnehmen.«

*

Zwei Spatzen sehen einen Düsenjet vorbeifliegen.
»Der hat es aber eilig!«
»Kein Wunder, wenn ihm der Hintern brennt.«

*

Zwei Zugvögel überfliegen einen FKK-Strand, an dem sich lauter Nackte tummeln.
Staunt der eine: »Sieh dir das an! Alle zur gleichen Zeit in der Mauser!«

*

»Was kostet dieser Papagei?«
»Einen Hunderter.«
»Das ist mir zu teuer. Sagen wir, die Hälfte.«
»Das geht nicht, ich verkaufe keine halben Papageien.«

Kommt ein Mann in eine Tierhandlung und möchte etwas ganz Exquisites erwerben.
Der Verkäufer empfiehlt ihm sein Superangebot: »Hier hätte ich ein indonesisches Stepphuhn.«
»Stepphuhn? Was ist das denn?«
»Tja, eine ganz besondere Art von Hühnervogel. Der steppt wie Fred Astaire, das garantiere ich Ihnen! Gucken Sie mal!«
Der Mann schaut sich das Huhn an – und tatsächlich, es tanzt wie aufgezogen im Käfig herum.
»Toll! Den nehm ich!«
Gut, der Kunde nimmt den Käfig mit dem Vogel, bezahlt und fährt nach Hause.
Zwei Tage später ruft er bei der Tierhandlung wieder an. Leider erwischt er nicht den Chef, sondern nur eine Aushilfe.
»Ich wollt nur noch mal sagen, wie toll dieses Stepphuhn ist. Vorgestern hab ich das gekauft, und seitdem tanzt das ununterbrochen. Wirklich fantastisch!«
Meint die Aushilfe: »Na ja, also . . . zur Nacht sollten Sie schon mal die Käfigschubladen rausziehen und die Teelichter auspusten.«

*

»Wie alt ist dein Papagei?«
»Keine Ahnung, er erzählt dauernd von Cäsar.«

*

»Zurzeit habe ich eine Pechsträhne«, sagt der Specht. »Ich kann anklopfen, wo ich will, überall ist der Wurm drin.«

*

»Ist es wahr, dass du dir jetzt einen Geier als Ziervogel hältst?«
»Ja. Ich habe es satt, dass die Katze von nebenan meine Kanarienvögel frisst!«

*

Emil fährt mit seinem Papagei nach Italien.
An der Grenze sagt man ihm, dass Papageien verzollt werden müssen.
»Was kostet das denn?«, fragt Emil.
»Kommt darauf an«, sagt der Beamte. »Lebende Papageien kosten hundert Euro. Ausgestopfte nur fünf Euro.«
Da krächzt der Papagei mit trockener Stimme: »Mensch, Emil! Mach jetzt bloß kein Scheiß!«

*

»Unser Kanarienvogel hat Benzin gesoffen!«
»Und?«
»Er flog dreimal durchs Zimmer, dann stürzte er ab.«
»Tot?«
»Ach was. Das Benzin war aus.«

Die Kinder nennen ihre Lieblingstiere.
»Was ist denn dein Lieblingstier?«, wird Heiner gefragt.
»Das halbe Hähnchen!«

*

Das Vogelkind beschwert sich: »Gibt's mal was anderes zu fressen als immer nur Würmer?«

*

Der Wellensittich ist fortgeflogen.
»Ich hätte es merken müssen!«, sagt Tina. »Immer, wenn ich Erdkunde gelernt habe, hat er auf meiner Schulter gesessen und in den Atlas geguckt!«

*

»Oskars Lachtauben haben sich totgelacht!«
»Weiß ich. Warum muss sie dieser Trottel auch mit Kichererbsen füttern!«

*

»Also, dein Papagei regt mich auf. Der quatscht den ganzen Tag. Den würde ich verkaufen«, sagt Carlos, der Ausbrecherkönig zu seinem Kollegen.
»Geht nicht«, sagt der Kollege. »Er weiß zu viel.«

*

Frau Müller hat sich einen Papagei zugelegt. Jetzt will sie ihm das Sprechen beibringen: »Hallo . . . hallo . . . hörst du nicht, mein Vögelchen? Hallo . . . hallo . . .!«
Da öffnet der Papagei seinen Schnabel und sagt: »Kein Anschluss unter dieser Nummer!«

*

Im Park sitzt ein Mann auf der Bank und isst Butterbrote. Auf dem Ast über ihm unterhalten sich zwei Spatzen.
»Warten wir noch drei Minuten.«
»Okay. Wenn er uns bis dann nichts abgibt, wird er uns von einer anderen Seite kennenlernen!«

*

Der Gast hat im Restaurant eine Taube bestellt. Das Vieh ist leider zäh wie Leder. Auf einmal beißt er auch noch auf etwas Hartes. Er findet eine kleine Metallkapsel, öffnet sie, und darin liegt ein Zettel: »Greifen an im Morgengrauen. Napoleon.«

*

»Wenn das euer Vater wüsste«, sagt die Witwe Henne zu den Küken, »er würde sich im Grill umdrehen . . .«

*

Mitten in der Nacht erwacht der Hühnerzüchter Baldrian. Er hat ein verdächtiges Geräusch gehört, schleicht zum Hühnerstall und fragt: »Ist da jemand?«
Kommt prompt eine Antwort: »Nur wir Hühner!«

*

Kommt ein Huhn in ein Frühstückslokal und sagt zum Wirt: »Bitte geben Sie mir einen Eierbecher, einen kleinen Löffel und etwas Salz, den Rest kann ich dann selbst besorgen.«

*

Eine Schildkröte klettert mühsam einen hohen Baum hinauf. Als sie die Krone erreicht hat, blickt sie in die Runde, springt los, streckt in der Luft die Beinchen von sich und knallt unten auf den Fußboden. Sie macht sich jedoch sogleich wieder auf den Weg nach oben. Und wieder springt sie – und fällt auf die Erde.
Auf dem Nachbarbaum sitzt ein Taubenpärchen.
Die Taubenfrau sagt zum Taubenmann: »Ich glaube, es ist an der Zeit, ihm zu sagen, dass er adoptiert ist . . .«

*

»Was fressen die Tauben?«
»Was sie so finden.«
»Und wenn sie mal nichts finden?«
»Dann fressen sie was anderes!«

Ein Autofahrer überfährt ein Huhn. Pflichtbewusst hält er an. Er hebt das tote Huhn auf, geht zum Bauernhof neben der Straße und läutet.
»Entschuldigen Sie, ich habe gerade eines Ihrer Hühner überfahren.«
Der Bauer sieht sich das Huhn an und sagt: »Das kann keines von unseren sein, unsere sind nicht so flach.«

*

Zwei Hühner machen eine Stippvisite in den Keller und stehen staunend vor einem Berg Eierbriketts.
»Schau mal«, sagt das eine Huhn, »das sind die Eier von Hühnern aus Afrika!«

*

»Was ist eine Meise?«, fragt Paul seine große Schwester.
»Ach, irgend so ein verrückter Fisch.«
»Hier steht aber: Eine Meise hüpft von Ast zu Ast.«
»Kannst du mal sehen, wie verrückt der ist.«

*

Früh am Morgen gehen zwei Freunde in den Zoo.
»Warum schauen die Geier so blöd?«
»Weil noch kein Aas da ist.«

*

»Du, schau mal! Was sind das für komische Vögel oben auf unserer Fernsehantenne?«
»Sicher Fernsehstars.«

*

»Welche Arten von Meisen gibt es?«, fragt die Lehrerin.
Da schnellen die Finger hoch, denn jeder weiß etwas.
»Blaumeisen – Haubenmeisen – Spechtmeisen – Kohlmeisen . . .«
»Und du? Horsti?«, fragt die Lehrerin.
»Ameisen!«, meint Horsti.

*

Die Hennen befinden sich beim Schaufensterbummel und betrachten unterschiedliche Eierbecher.
Ein Huhn ist ganz begeistert: »Mensch, was die hier für eine Kinderwagen-Auswahl haben!«

*

Im Zoogeschäft: »Haben Sie zufällig einen sprechenden Papagei?«
»Nein, aber ich hätte da einen Specht.«
»Ach, kann der denn sprechen?«
»Nein – aber morsen.«

*

Drei Vampirfledermäuse sitzen nachts auf dem Friedhof.
Die erste fliegt los, kommt nach einer halben Stunde wieder und ist im ganzen Gesicht vollkommen blutverschmiert.
Die beiden anderen sind begeistert und wollen natürlich wissen, wo sie war.
Darauf die erste: »Seht ihr dahinten das große Haus mit den erleuchteten Fenstern?«
»Ja klar!«
»Tja, da war 'ne Hochzeitsfeier, und die Gäste sind alle so besoffen, dass sie mich überhaupt nicht bemerkt haben!«
Die zweite fliegt los und kommt ebenfalls nach einer halben Stunde mit blutverschmiertem Gesicht wieder.
»Wo warst du denn?«
»Seht ihr dahinten die Kneipe, da wo auch noch Licht brennt?«
»Ja klar!«
»Tja, da war 'ne Studentenfeier, und die waren alle so besoffen, dass sie mich überhaupt nicht bemerkt haben.«
Schließlich fliegt auch die dritte los. Nach kurzer Zeit ist auch sie mit blutverschmiertem Gesicht wieder da.
»Und wo warst du?«
»Seht ihr dahinten die große Mauer?«
»Ja klar!«
»Tja, die hab ich nicht gesehen!«

*

Die ängstliche Fledermaus fragt im Schloss einen Hund: »Und du bist dir sicher, dass es hier keine Gespenster gibt?!«
»Klar! Ich wache hier schon seit fünfhundert Jahren und habe hier noch nie ein Gespenst gesehen!!«

*

»Herr Ober, dieses Grillhähnchen besteht nur aus Haut und Knochen!«
»Verzeihung, wenn Sie darauf Wert legen, werden die Federn selbstverständlich sofort nachgeliefert!«

*

In einer Tierhandlung: »Ich möchte von den beiden Kanarienvögeln den, der so schön singt.«
»Dann müssen Sie den anderen aber auch nehmen!«
»Den, der immer stumm dasitzt?«
»Ja, das ist nämlich der Komponist!«

*

Ein Vogel fliegt über die Autobahn. Da kommt ihm ein Auto entgegen und der Vogel klatscht an die Fensterscheibe. Der Autofahrer nimmt ihn mit nach Hause und will ihn in einem Käfig gesund pflegen. Da wacht der Vogel auf und sagt: »Oje, jetzt bin ich im Gefängnis, wahrscheinlich ist das Auto tot.«

Ein Mann betritt eine Tierhandlung, um einen Papagei zu kaufen.
Der Verkäufer zeigt ihm die drei vorrätigen Exemplare. Der erste Papagei ist herrlich bunt, bildschön und 50 cm groß. Na ja, denkt der Käufer, der wird wohl recht teuer sein. Er fragt den Verkäufer nach dem Preis.
»Tausend Euro! Aber dafür spricht er auch deutsch und englisch.«
Der Käufer sieht sich den zweiten Papagei an. Dieser ist nicht so schön und auch ein bisschen kleiner.
»Was kostet dieser hier?«
»Zweitausend Euro! Er spricht vier Sprachen fließend.«
Dies ist dem Käufer natürlich auch zu teuer und er sieht sich den dritten Papagei an, der ein bisschen mickrig und zerrupft auf der Stange sitzt.
Der Verkäufer nennt ihm den Preis: »Dreitausend Euro!«
»Und was kann er?«, fragt der Käufer.
»Hab ich noch nicht herausgefunden«, sagt der Verkäufer.
»Aber die beiden anderen sagen Chef zu ihm.«

*

Auf der Polizeistation klingelt das Telefon. »Kommen Sie sofort. Es geht um Leben und Tod. Hier in der Wohnung ist eine Katze!«
Der Beamte erkundigt sich: »Wer ist denn am Apparat?«
»Der Papagei!«

»Bei so einem Smog, wie wir ihn haben, kann ich ab fünf Uhr früh nicht mehr schlafen!«
»Weil du Atembeschwerden hast?«
»Nein, weil die Meisen vor meinem Fenster sitzen und husten, was das Zeug hält!«

*

»Warum schnattern die Stare so viel, bevor sie auf ihre große Reise in den Süden gehen?«
»Vielleicht sagen die Starenmamis ihren Kindern, dass sie vor dem Flug noch mal aufs Klo gehen sollen.«

*

»Warum heißt der Wiedehopf eigentlich Wiedehopf?«
»Das ist doch klar. Er sieht aus wie ein Wiedehopf, hüpft rum wie ein Wiedehopf, hat einen Schopf wie ein Wiedehopf, frisst Würmer wie ein Wiedehopf. Warum sollte er da nicht Wiedehopf heißen?«

*

Der Kardinal von Köln hat einen unglaublich gescheiten Papagei. Immer, wenn der Kardinal am Morgen das Zimmer betritt, sagt der Papagei: »Guten Morgen, Eminenz!«
Neulich betrat der Kardinal in seinem feierlichsten Ornat das Zimmer. Da hüpfte der Papagei ganz begeistert herum und brüllte: »Kölle alaaaf!«

Mama Spitzmaus geht mit ihrem Kind spazieren. Über ihnen flattert eine Fledermaus. »Schau, Mami«, flüstert die kleine Spitzmaus. »Dort oben fliegt ein Engel!«

*

Hans hat im Schwarzwald eine Kuckucksuhr gekauft. Nach einigen Wochen muss er sie zum Uhrmacher bringen.
»Was fehlt ihr denn? Klemmt der Kuckuck?«
»Ach wo, alle Augenblicke kommt er raus und fragt, wie spät es ist.«

*

Sagt ein Fink zum Zebra: »Es soll ja Zebrafinken geben . . .«

Wüstenkönige & Zirkuskünstler

Elfi und Papa sind im Zoo. Es dunkelt allmählich und der kleinen Elfi wird es ein bisschen unheimlich. Da stupst sie ihren Papi an.
»Was ist?«
»Du Papi, mal angenommen, dich frisst so ein blödes Krokodil . . . Mit welcher U-Bahn muss ich dann heimfahren?«

*

»Ein Reptil ist ein Lebewesen, das meist auf dem Boden herumkriecht«, erklärt der Lehrer.
»Und wer kann mir jetzt ein Reptil nennen?«, fragt er dann.
Meldet sich Bibi: »Mein kleiner Bruder!«

*

Willibald, der Großwildjäger, hat wieder mal nichts getroffen. Ziemlich blamabel, die Sache. Er kauft also in einer Wildhandlung einen Hasen und bringt ihn seiner Frau.
Zu Hause wirft er den Hasen auf den Tisch.
»Tolles Exemplar, oder?«
»Ja, schon. Aber der ist ja schon abgezogen!«
»Den Kerl hab ich beim Baden erwischt!«
»Und er hat sogar ein Preisschild um den Hals!«
»Quatsch, das ist die Nummer seiner Badekabine!«

*

Treffen sich zwei Schlangen in der Wüste.
Fragt die eine: »Du, sind wir eigentlich giftig?«
Sagt die andere: »Weiß ich nicht, wieso?«
Darauf die erste wieder: »Ich habe mir gerade auf die Zunge gebissen!«

*

Zwei Pinguine betrachten am Südpol das Thermometer. Meint der eine: »Prima! Vierunddreißig Grad unter null. Allmählich wird's Frühling . . .«

*

Ein Kamelreiter reitet verschwitzt in der Wüste.
Plötzlich wird er von einem irrsinnig schnellen Radfahrer überholt. Später in einer Bar trifft er den Radfahrer wieder und fragt ihn, wie er so schnell fahren konnte. Der Radler antwortet: »Ich fahre so schnell ich kann, dann kommt mir der Fahrtwind entgegen, der kühlt mich ab und dadurch kann ich immer so weiterfahren.«
Der Kamelreiter denkt sich: Super, das muss ich auch probieren.
Er steigt auf sein Kamel, reitet so schnell er kann, doch plötzlich fällt sein Kamel tot um. Er daraufhin: »Ich glaube, jetzt ist mir mein Kamel erfroren!«

*

Zwei Jäger fahren durch die Steppe.
Freut sich der hungrige Löwe: »Endlich! Essen auf Rädern!«

*

Der Zirkus hat eine tolle Tiernummer: ein Löwe und ein Schaf zusammen in einem Käfig.
»Und die beiden vertragen sich wirklich?«, fragt der Reporter den Zirkusdirektor.
»Meistens.«
»Und wenn sie streiten?«
»Dann kaufen wir ein neues Schaf.«

*

Unterhalten sich zwei Dinosaurier vor fünfundsechzig Millionen Jahren.
»Jetzt sterben wir aus«, seufzt der eine traurig.
»Macht nichts«, tröstet der andere, »wir werden ja in Überraschungseiern wiedergeboren.«

*

Die Lehrerin fragt die Klasse: »Wie heißt das einzige Tier, vor dem der Löwe Angst hat?«
Herbert weiß es: »Die Löwin!«

*

Mitten in der Wüste sitzt ein Mann und spielt zauberhaft Geige. Ein Löwe umkreist ihn und legt sich neben den Geiger. Zwei andere Löwen legen sich ebenfalls hin. Nach einiger Zeit kommt ein vierter und frisst den Mann auf. Oben in der Palme meint ein Affe zum anderen: »Ich hab es doch gesagt, wenn der Taube kommt, ist es mit der Musik vorbei . . .«

*

Das Kamelkind fragt den Kamelvater: »Du Papi, warum haben wir eigentlich zwei Höcker auf dem Rücken?«
Darauf der Kamelvater: »Damit speichern wir Nahrung, wenn wir durch die Wüste ziehen.«
Kamelkind: »Warum haben wir so lange Wimpern?«
Kamelvater: »Damit uns der Wind nicht den Sand in die Augen bläst, wenn wir durch die Wüste ziehen.«
Kamelkind: »Warum haben wir Hufe anstelle von Füßen?«
Kamelvater: »Damit wir nicht in den Sand einsinken, wenn wir durch die Wüste ziehen.«
Kamelkind: »Was machen wir dann im Zoo?«

*

»Aber vergesst nicht«, sagen die besorgten Löwenmuttis zu ihren Kindern, »von Flugzeugen kann man nur das Innere essen!«

*

Safariteilnehmer Großkotz verkündet: »Ich fahre mit einem Landrover durch die Wüste und jage Löwen.«
»Und was tust du, wenn dich einer verfolgt?«
»Ich verwirre ihn.«
»Und wie?«
»Ganz einfach. Ich blinke links – und biege nach rechts ab.«

*

»Rudi«, sagt die Mutter im Zoo, »geh nicht so nah an die Eisbären. Du bist sowieso schon erkältet.«

*

Zwei Männer laufen barfuß durch die Wüste, da kommt ein Löwe angerannt.
Der eine Mann zieht schnell seine Schuhe an. Sagt der andere: »Mit Schuhen bist du auch nicht schneller als der Löwe!«
Antwortet der andere: »Ist auch nicht nötig, ich muss nur schneller sein als du!«

*

Verzweifelt kniet der Dompteur mit dem erloschenen Feuerring vor dem Löwen: »Nein! Springen sollst du . . . nicht pusten!«

*

Der Wanderzirkus hat sein Quartier aufgeschlagen. Stürzt der Direktor aufgeregt aus seinem Wohnwagen: »Schnell, holt das Zebra rein, es fängt an zu regnen!«

*

Ein Känguru hüpft durch die Wüste Australiens. Da schaut plötzlich ein Pinguin aus dem Beutel des Kängurus und schreit: »Blöder Schüleraustausch!!!«

*

Im Zirkus steht ein Hund auf einer Ziege und singt das Lied »Griechischer Wein«.
Begeistert fragt ein Zuschauer den Direktor: »Sagen Sie mal, da ist doch ein Trick dabei, oder?«
»Stimmt, wissen Sie, der Hund kann gar nicht singen, das ist die Ziege!«

*

Was denkt ein Gorilla, wenn ein Wärter vergessen hat, den Käfig zu schließen?
Hoffentlich trampeln keine Menschen in meine schöne Wohnung!

*

Herr Randomir kommt zum Psychiater und klagt: »Jeden Abend, eh ich einschlafe, sehe ich unter meinem Bett ein Krokodil!«

»Herr Randomir«, sagt der Psychiater. »Sie müssen sich nur immer sagen: ›Da ist kein Krokodil, da ist kein Krokodil!‹«

Herr Randomir verspricht es, kommt aber schon nach einer Woche wieder und sagt: »Ich sehe immer noch das Krokodil!«

»Dann sagen Sie eben noch mal eine Woche lang: ›Da ist kein Krokodil, da ist kein Krokodil!‹«

Herr Randomir dankt, geht nach Hause – und kommt nicht wieder.

Der Psychiater macht sich Sorgen, geht zur Wohnung des Herrn Randomir und läutet.

Da öffnet ihm ein fremder Mann die Tür.

»Sie wollen zu Herrn Randomir?«, fragt er. »Den gibt es nicht mehr. Der wurde von einem Krokodil gefressen, das unter seinem Bett lag!«

*

Willibald, der Großwildjäger, weiß jetzt, wie er's macht: Wenn er wieder in die Wüste geht, zieht er einen Matrosenanzug an. Dann glauben die Löwen, er geht zum Angeln.

*

Willibald, der Großwildjäger, latscht mit einem Jagdfreund durch Afrika. Großwildjagd ist angesagt. Plötzlich stehen sie vor der Spur eines Löwen.
»Es wird das Beste sein, wir trennen uns«, sagt der Jagdfreund. »Jeder sucht den Löwen auf eigene Faust!«
»Okay«, meint Willibald, »du stellst fest, wohin er gegangen ist, und ich sehe nach, woher er kam!«

*

Ein Löwe tigert durch die Wüste. Plötzlich trifft er auf eine Gazelle und brüllt dieselbe an: »Wer ist der König der Tiere?«
Die Gazelle zaghaft: »Na, du, Löwe!«
Der Löwe ist zufrieden und geht weiter. Kurze Zeit später trifft er eine Giraffe. Auch die brüllt er an: »Wer ist der König der Tiere?«
Die Giraffe sagt ängstlich. »Na, du, Löwe.«
Wieder geht der Löwe zufrieden weiter. Kurze Zeit später trifft er einen Elefanten: »Wer ist der König der Tiere?«
Der Elefant packt den Löwen mit seinem Rüssel und klatscht ihn gegen eine Palme.
Der Löwe kleinlaut: »Idiot! Man wird doch wohl mal fragen dürfen . . .«

*

Der kleine Löwe muss zum ersten Mal raus in die Manege. Ängstlich fragt er seinen Vater: »Papa, was sind denn das für Leute da draußen?«
»Vor denen brauchst du wirklich keine Angst haben. Du siehst ja, die sitzen alle hinter Gittern!«

*

Trifft ein hungriger Löwe einen Ritter in voller Rüstung und sagt: »Mist, jetzt hab ich meinen Dosenöffner vergessen.«

*

Die Arche Noah ist zu voll und droht zu sinken. Die Tiere überlegen, wer die Arche verlassen muss, und sagen zum Breitmaulfrosch: »Du, wir haben beschlossen, dass das Tier mit dem breitesten Maul die Arche zu verlassen hat.«
Der spitzt die Lippen: »Ooch! Das arme Krokodil!«

*

Kritisch betrachtet der Affen-Papa das Baby. »Nun sei nicht so niedergeschlagen«, sagt die Affen-Mama. »Alle Neugeborenen sehen zunächst aus wie Menschen.«

*

»Haben Schlangen einen langen Schwanz?«
»Oh ja, das ist sogar das Einzige, was sie haben!«

Tierhändler: ». . . wenn Sie die Schildkröte richtig pflegen, wird sie leicht über zweihundert Jahre alt!«
Kunde: »Na, wir werden ja sehen!!!«

*

Betty steht im Zoo und starrt unentwegt den Storch an. Dann geht sie weiter und klagt: »Oje, er kennt mich nicht mehr!«

*

Karlchen ist auf Löwenjagd in Afrika.
Da kommt bei seiner Familie zu Hause eine E-Mail an: »Karlchen bei Löwenjagd verunglückt.«
Sie schicken eine E-Mail zurück: »Schickt bitte Karlchens Überreste.«
Ein paar Tage später kommt eine Kiste aus Afrika an. Drinnen liegt ein toter Löwe.
Geht wieder eine E-Mail nach Afrika: »Irrtum. Statt Karlchen kam Löwe.«
Kommt noch mal eine E-Mail aus Afrika: »Kein Irrtum. Karlchen ist im Löwen.«

*

Die Löwin fragt ihre Jungen: »Warum keucht ihr denn so?«
»Wir haben einen Missionar auf einen Baum gehetzt.«
»Ihr sollt doch nicht mit dem Essen spielen!«

»Stimmt es«, fragt jemand den Afrikaforscher, »dass Löwen niemals einen Menschen anfallen, der eine brennende Fackel trägt?«
»Das kommt darauf an, wie schnell der betreffende Mensch die Fackel trägt.«

*

Ein Missionar wird von einem Rudel Löwen angegriffen. Ehe er in Ohnmacht fällt, spricht er ein Stoßgebet: »Lieber Gott, mach diese Bestien zu frommen Christen!«
Als der Gottesmann sein Bewusstsein wiedererlangt, haben die Löwen einen Halbkreis um ihn gebildet und beten: »Komm, Herr Jesus, sei unser Gast und segne, was du uns bescheret hast.«

*

Ein Känguru hüpft durch die Steppe. Plötzlich bleibt es stehen und kratzt sich am Bauch. Dann greift es in den Beutel, holt das Baby raus und gibt ihm tüchtig eins hinter die Ohren: »Wie oft hab ich dir schon gesagt, dass du im Bett keinen Zwieback essen sollst!«

*

»Hast du Glück gehabt auf deiner Löwenjagd in Afrika?«
»Und ob! Nicht einer ist mir begegnet!«

Kommt ein Typ zum Zoodirektor.
»Ich kann jeden Vogel nachmachen«, sagt der Typ.
Winkt der Direktor lässig ab: »Alter Hut!«
»Dann eben nicht«, sagt der Typ und fliegt weg.

*

»Im Zoo gibt es jetzt Halbaffen!«
»Das ist wieder typisch für unseren Stadtrat! Inzwischen reicht das Geld nicht mal mehr für einen ganzen Affen!«

*

In der Tierhandlung fragt ein Kunde die Verkäuferin: »Was kostet denn dieser hässliche Gorilla dahinten, der so grimmig schaut?«
»Um Himmels willen, seien Sie still«, flüstert die Verkäuferin. »Das ist unser Chef!«

*

»Sag mal, warum hast du den Robbi so verdroschen?«
»Weil er mich letztes Jahr ein Rhinozeros genannt hat.«
»Und da verhaust du ihn erst jetzt?«
»Ja, ich war gestern im Zoo und hab zum ersten Mal ein Rhinozeros gesehen!«

*

»Wieso legst du den Teddy in den Kühlschrank?«
»Ich möchte einen Eisbären aus ihm machen.«

*

Der Chef vom Wüstenhotel im Wilden Westen gibt dem Gast einen Tipp für die Nacht: »Und erschrecken Sie nicht, wenn ein paar Beutelratten über Ihr Bett huschen. Die haben nicht die geringste Überlebenschance. Hinter denen sind die Klapperschlangen her!«

*

Den Teilnehmern einer Wüstensafari fährt ein ganz schöner Schrecken in die Knochen. Es kommt nämlich ein Rudel Löwen daher und ist sogar schon verdammt nahe.
»Sind die gefährlich?«, fragen die Touristen.
»Nö, die nicht«, sagt der Reiseleiter. »Die sind satt.«
»Und woher wissen Sie das?«
»Weil unser Herr Kammermeier fehlt.«

*

Zwei stolze Pinguineltern warten drauf, dass ihr Pinguinbaby das erste Wort spricht.
Der Pinguinvater: »Bestimmt sagt es Papa!«
Die Pinguinmutter: »Bestimmt sagt es Mama!«
Darauf das Kleine: »Scheiß Kälte!«

»Ich habe zu Hause ein Stinktier!«
»Iiiiih! Wo bewahren Sie es denn auf?«
»Na ja, im Schlafzimmer!«
»Aber dieser Gestank!«
»Ja – daran wird sich das Tier noch gewöhnen müssen!«

*

Ein Weltreisender hat seinen Urlaub in Afrika verbracht und berichtet den staunenden Freunden: »Stellt euch vor, abends rauche ich vor dem Zelt eine Zigarre. Da steht doch plötzlich ein gewaltiger Panther vor mir und reißt sein Maul auf. Ich renne los. Der Panther hinter mir her. Ich renne um mein Leben. Der Panther kommt immer näher. Ich kann nicht mehr und ergebe mich schließlich in mein Schicksal. Da rutscht der Panther doch glatt aus und bricht sich das Genick!«
Einer der Freunde bewundernd: »Toll, also ich an deiner Stelle hätte mir vor Angst in die Hose gemacht!«
Sagt der Afrikareisende: »Worauf, glaubst du, ist der Panther ausgerutscht?«

*

Zwei Eisbären laufen durch die Sahara.
»Hier muss es ja spiegelglatt sein!«
»Warum?«
»Weil sie hier so gestreut haben!«

Ein Puma-Männchen trifft auf eine reizende Puma-Dame.
»Zier dich nicht so«, knurrt das Puma-Männchen ungeduldig, »wir stehen schon auf der Liste der vom Aussterben bedrohten Tiere und du stellst dich so zickig an!«

*

Geht ein Tier spazieren und trifft ein ihm unbekanntes anderes Tier.
»Welches Tier bist denn du?«, fragt es.
Das andere: »Ich bin ein Wolfshund, mein Vater ist ein Wolf und meine Mutter ist ein Hund.« Verwundert geht das Tier weiter, da begegnet es einem ihm noch unbekannteren Tier.
»Was bist du denn für ein Tier?«
»Ich bin ein Muli, mein Vater ist ein Esel und meine Mutter ist ein Pferd.«
Ganz verwirrt geht das Tier weiter und trifft ein ganz komisches Tier.
Fragt es: »Was für ein Tier bist du?«
»Ich bin ein Ameisenbär.«
»Nee, nee! Das kannst du mir aber jetzt nicht erzählen!«

*

»Was ist, wenn eine Giraffe nasse Füße hat?«
»Dann bekommt sie in vierzehn Tagen Schnupfen.«

*

Im kleinen Zoo ist ein Löwe gestorben. Der Direktor steckt Hugo, einen Studenten, der sich ein bisschen Geld verdienen möchte, in ein Löwenfell und sperrt ihn in den Löwenkäfig.
»Es genügt, wenn du dich hinlegst und schläfst!«, sagt der Direktor.
Aber eines Tages passt der Wärter nicht auf und lässt die Türe zum Nachbarkäfig offen. Schon kommt ein anderer Löwe zu Hugo herüber.
Hugo geht in die Knie und fängt an zu bibbern. Da sagt der andere Löwe zu Hugo: »Mensch, halt die Schnauze, sonst verlieren wir beide unseren Job!«

*

Sitzen zwei Affen im Kino. Der Film ist in Ordnung und alles wäre paletti. Aber da kommt ein Nashorn und setzt sich genau vor die Affen.
»He, du«, sagen die Affen und tippen dem Nashorn auf den Rücken. »Kannst du nicht etwas zur Seite rücken, damit wir auch was sehen?«
Dreht sich das Nashorn um und sagt: »Wo gibt's denn so was? Affen im Kino!«

*

»Unsere Lehrerin weiß nicht, wie ein Nilpferd aussieht.«
»Das gibt es doch gar nicht.«
»Doch. Ich hab gestern ein Nilpferd gemalt. Und da hat sie gefragt, was das sein soll!«

*

Herr Randomir geht mit seinem Elefanten in die Staatsoper und kauft zwei Eintrittskarten. Sie sehen sich heute Carmen an. In der Pause sagt der Nachbar zu Herrn Randomir: »Also, hören Sie, ich hätte nie geglaubt, dass ein Elefant eine Oper verstehen kann.«
»Ja, was glauben Sie denn«, sagt Herr Randomir. »Wenn ich ihm vorher nicht den Opernführer zu lesen gegeben hätte, hätte der das nie kapiert!«

*

Zwei Schildkröten treffen sich.
»Wie geht es dir?«, fragt die eine.
»Oh, ganz prima. Ich arbeite in einem feinen Restaurant.«
»Ist das nicht gefährlich? Was tust du da?«
»Eigentlich nichts. Ich verkaufe nur mein Badewasser als Schildkrötensuppe.«

*

»Nenne mir fünf Tiere, die in Afrika leben!«, sagt der Lehrer.
»Zwei Löwen und drei Elefanten!«

*

Lisa und Rita sind im Zoo und bestaunen die Giraffen. Es ist wahnsinnig heiß.
»Du«, sagt Lisa verträumt. »Jetzt eine Limo und dann so einen langen Hals wie die Giraffen, dass es so schön kalt hinunterzischt, das wär's!«

*

Die Familie besucht den Zoo. »Das ist ein Jaguar«, erklärt Papa.
»Welches Baujahr?«, fragt Felix.

*

»Achtung! Frisch gestrichen!«, steht im Tierpark am Gitter des Zebrageheges.
»So ein Schwindel«, sagt Manni. »Und ich hab geglaubt, die Streifen sind echt!«

*

»Wie kann man Schlangen unterscheiden?«
»Ganz einfach: an den Augen. Sieht sie gut, ist es eine Sehschlange. Ist sie kurzsichtig, ist es eine Brillenschlange. Sieht sie überhaupt nichts, ist es eine Blindschleiche.«

Ein Mann geht in eine Tierhandlung und kauft einen Eisbären. Der Händler erklärt: »Er ist sehr zahm und kuschelig, Sie dürfen ihn nur NIEMALS an die Nase fassen!«
Zu Hause ist dann alles ganz prima, bis der Mann eines Tages denkt: Ich halt es nicht mehr aus! Ich muss ihn einmal an die Nase fassen!
Er tut es. Der Eisbär springt mit Gebrüll auf ihn los. Der Mann rennt weg, Treppe rauf, Treppe runter, um den Wohnzimmertisch herum, um den Küchentisch, der Eisbär immer knapp hinter ihm her.
Schließlich ist der Mann völlig erschöpft. Der Eisbär haut ihm von hinten mit seiner Pranke auf die Schulter und sagt: »Jetzt bist du dran!«

*

»Sind Sie wahnsinnig geworden?«, brüllt der Zoodirektor den Tierwärter an. »Sie haben heute Nacht den Löwenkäfig offen gelassen!«
»Jetzt regen sie sich ab. Wer wird denn schon einen von diesen wilden Löwen klauen?«

*

»Affen können schreien wie Menschen. Hast du das schon einmal gehört?«
»Nein. Schrei mal.«

Ein Mann hatte einen ziemlich heiteren Abend und steht am Morgen mit einem mächtigen Brummschädel auf. Er zieht das Rollo hoch und traut seinen Augen kaum. Dort unten auf der Straße steht neben dem Hydranten ein Pinguin.

Der Mann denkt sich: Gestern hast du aber wirklich übertrieben, reibt sich noch mal die Augen und zwickt sich in die Backen, aber es hilft nichts, der Pinguin steht immer noch dort. Da er ein Tierfreund ist, zieht er sich an, geht nach unten und nimmt den Pinguin mit aufs Polizeirevier, um zu fragen, was er bloß mit dem Tier machen soll.

Der Polizeibeamte erklärt ihm: »Tja, guter Mann, ich weiß leider auch nicht, wohin mit dem Pinguin. Wieso gehen Sie mit ihm nicht einfach mal in den Tierpark.« Der Mann bedankt sich und marschiert mit dem Pinguin davon.

Am anderen Tag begegnen sie sich zufällig in der Stadt. Der Mann hat den Pinguin immer noch bei sich.

Sagt der Polizist: »Sagen Sie mal, habe ich Ihnen nicht gesagt, dass Sie mit dem Pinguin in den Tierpark gehen sollen?«

»Ja klar«, entgegnet der Mann, »da waren wir gestern, aber heute gehen wir ins Kino.«

*

Im Zirkus klingelt das Telefon.

»Ich hab da eine supergeile Nummer«, sagt der am anderen Ende der Leitung.

»Bei mir springt einer durch einen brennenden Reifen.«

»Alter Hut«, meint der Direktor. »So was macht heute jeder bessere Löwe.«

»Aber bei mir springt der Dompteur«, sagt der am anderen Ende.

»Wer spricht denn dort?«, fragt der Direktor.

»Der Löwe«, sagt der Anrufer.

*

»Und dies ist der Artist, der immer seinen Arm in den Rachen von Löwen steckt. ›Theodor der Einmalige‹, hieß er früher.«

»Und jetzt?«

»Theodor der Einarmige.«

*

Im Zoo ist ein Arbeitsplatz frei. Sie suchen einen Wärter für besonders giftige Schlangen. Tommi meldet sich.

»Tut mir schrecklich leid«, sagt der Direktor.

»Vor fünf Minuten haben wir bereits jemanden eingestellt. Aber wenn Sie morgen wieder vorbeischauen möchten . . .«

*

Die Artisten bauen ein großes Zirkuszelt auf.
Und dazwischen rennt der Direktor herum und brüllt: »Wenn ich den erwische, der dem Nilpferd Niespulver gegeben hat!«

*

»Du, Onkel Oskar, gestern waren wir im Zoo«, erzählt Klaus.
»Und? War's schön?«, fragt Onkel Oskar.
»Und wie! Im Gorillahaus haben wir uns fast krankgelacht!«
»Wieso?«
»Da war ein Gorilla, der hat genauso ausgesehen wie du!«

*

Zwei Strauße unterhalten sich: »Warum stecken wir eigentlich den Kopf in den Sand?«
»Warum du das machst, weiß ich nicht. Ich suche nach Öl.«

*

Sagt das Dinobaby zu seiner Mutter: »Wenn ich sterbe, komme ich dann auch in den Himmel?«
Darauf die Mutter: »Aber nein, du kommst ins Museum!«

*

»Du, im Zoo haben sie einen hochintelligenten indischen Elefanten. Der arbeitet für drei!«
»Und das nennst du intelligent?«

Ein Mann zeigt einem Bekannten den heimatlichen Zoo. Dabei kommen sie auch zum Gehege mit dem Schimpansen. Der Mann erzählt dem Bekannten, dass dieser Schimpanse seit Jahren nur apathisch im Gehege sitzt.

»Das lässt sich leicht ändern!«, meint der Bekannte. »Wetten, dass ich den Affen zum Lachen bringe?«

Er tuschelt mit dem Affen und tatsächlich fängt der zu lachen an!

»Wetten, dass ich ihn auch zum Weinen bringen kann?«, sagt der Bekannte.

Wieder ein Tuscheln mit dem Schimpansen und der fängt zum Weinen an, dass die Tränen zu Boden kullern.

Zuletzt wettet der Bekannte, dass er den Affen auch erschrecken kann.

Wieder flüstert er dem Affen etwas ins Ohr und der springt sofort auf den Baum und versteckt sich in der Baumkrone.

»Wie hast du das denn angestellt?«, will der Mann wissen. »Seit Jahren hat sich der Affe kaum noch bewegt!«

»Ganz einfach! Zuerst hab ich gesagt, dass ich Polizist bin, dann habe ich gesagt, was ich als Polizist verdiene.«

»Und warum ist der Affe dann weggelaufen?«

»Ganz einfach, ich hab gesagt, dass die Polizei Nachwuchskräfte sucht!«

*

Im Zoo. Der kleine Kurt fasst den schlafenden Löwen am Schwanz und zieht daran.
»Hörst du wohl sofort auf!«, fährt die Mutter dazwischen. »Wenn das der Wärter sieht, wird er wütend!«

*

»Was fressen denn die Eisbären?«, fragt ein gut angezogener Herr den Zoowärter.
»Beugen Sie sich einmal über die Brüstung«, antwortet der Wärter, »dann werden Sie es wissen . . . noch etwas weiter . . . noch weiter . . .«

Meeresriesen & Wasserratten

»Nie mehr nehme ich meinen kleinen Bruder zum Angeln mit!«, sagt Karsten.
»Wieso? War er nicht brav?«
»Er hat mir alle meine Würmer weggefressen!«

*

»Sie angeln hier! Das kostet zehn Euro Strafe!«
»Ich angle ja gar nicht. Ich bade nur meine Würmer!«
»Dann kostet es zwanzig Euro. Baden ist hier erst recht verboten!«

*

»Was schüttest du da in dein Aquarium?«
»Wasserflöhe.«
»Das ist aber gemein! Die armen Fische können sich nicht kratzen!«

*

»Du«, sagt der kleine Theodor zu seinem Papa, »ich weiß, warum heute bei dir kein Fisch anbeißt.«
»Warum?«
»Ich hab einen von den Würmern probiert. Die schmecken scheußlich!«

*

»Gib doch den Goldfischen frisches Wasser!«
»Wieso? Sie haben ja das alte noch nicht ausgetrunken.«

*

»Unsere Goldfische mögen nur Ameiseneier. Zuerst habe ich sie ihnen weich gekocht. Aber seit Neuestem sind sie so heikel geworden, dass ich sie ihnen immer als Rühreier braten muss.«

*

In der Fischhalle ist Versteigerung. Der Leiter der Versteigerung ruft: »Und jetzt kommen fünfzehn Kisten Schollen unter den Hammer!«
Fritzchen staunt: »Ich dachte immer, die wären von Natur aus so platt!«

*

»Gibt es hier Seeigel, Krebse, Quallen, oder sonst so 'n Viehzeug?«, fragt besorgt der Badegast.
»Natürlich nicht«, erwidert der Portier des Hotels. »Die haben hier keine Chance. Das ganze Gewürm wird sofort von den Haien weggeputzt.«

*

Ein braver Hai frisst Haferbrei!

Ein Karpfen schwimmt durch einen Teich.
Da sieht er einen dicken Wurm im Wasser.
»Na, hoffentlich hat die Sache keinen Haken«, sagt er.

*

Fritzchen besucht mit seinem Vater das Aquarium im Zoo. Als sie vor den Piranhas stehen, sagt die Piranha-Mutter zu ihren Kindern: »Seht mal, das sind fischfressende Menschen!«

*

Treffen sich zwei Forellen. Fragt die eine: »Was machst du heute Nachmittag?«
Antwortet die andere: »Ich glaube, ich gehe schwimmen!«

*

»Denkst du, dass Fische auch schlafen?«
»Natürlich, wozu gibt's denn sonst ein Flussbett?«

*

Fragt ein Spaziergänger einen Angler: »Na, beißen die Fische?«
»Nein, Sie können sie ruhig streicheln.«

*

»Was macht dein kranker Goldfisch?« – »Danke, er ist schon wieder auf den Beinen!«

Treffen sich zwei Heringe.
Sagt der eine: »Leihst du mir deinen Kamm?«
Sagt der andere: »Bin doch nicht blöd! Wo du so viele Schuppen hast!«

*

Ruft der Tierstimmenimitator in den Zuschauerraum: »Tausend Euro demjenigen, der mir ein Tier nennt, das ich nicht nachmachen kann!«
»Machen Sie mal eine Ölsardine nach!«, ruft einer zurück.

*

»Wovon ernähren sich die großen Fische?«
»Von den kleinen Sardinen.«
»Und wie kriegen sie die Büchsen auf?«

*

Treffen sich zwei Heringe mitten im Ozean. »Hey«, begrüßt ihn der eine.
»Wo?«, antwortet erschrocken der andere.

*

Nachdem der Hai den Windsurfer aufgegessen hat, sagt er: »Prima Futter, mit Serviette und Frühstücksbrett!«

*

Familie Hering schwimmt im Meer. Da begegnet ihnen ein U-Boot. Klein Hering versteckt sich ängstlich hinter seiner Mutter. Doch die beruhigt ihn: »Das sind nur Menschen in Dosen.«

*

»Halt dich gerade beim Schwimmen«, ruft der Heringsvater.
»Warum?«, fragt der kleine Hering.
»Du willst doch wohl nicht als Rollmops enden?«

*

»Ist eure Lehrerin streng?«
»Streng ist gar kein Ausdruck. Die brüllt in Biologie sogar die Goldfische an, wenn sie nicht herschauen.«

*

»Hast du alle diese Fische allein gefangen?«
»Ehrlich gesagt, nein. Ich habe immer einen kleinen Wurm, der hilft mir dabei.«

*

»Zu welcher Familie gehören die Schwertwale?«, fragt der Lehrer.
»Ich kenne keine Familie, die einen Schwertwal hat!«

*

Kalle ist der Schüler, der keine Antwort schuldig bleibt.
»Wozu gehört der Hase?«, fragt der Lehrer.
»Zu den Nagetieren«, sagt Kalle.
»Und die Ameise?«
»Zu den Hautflüglern!«
»Sehr gut! Und der Wal?«
»Zu den Säugetieren.«
»Ausgezeichnet! Und der Hering?«
»Zu den Pellkartoffeln!«

*

»Ich möchte lebende Heringe«, sagt Frau Meier in der Tierhandlung.
»Lebende Heringe führen wir nicht«, antwortet der Tierhändler. »Aber sagen Sie mir bitte, wozu brauchen Sie denn lebende Heringe?«
»Das ist so«, erwidert Frau Meier. »Eigentlich wollte ich Hühner anschaffen. Aber dann habe ich gelesen, dass so ein Hering eine Million Eier im Jahr legt . . .«

*

»Die Heringe legen Millionen Eier im Jahr!«
»Das ist aber ein Glück, dass die Heringe dabei nicht gackern!«

*

»Hier ist Angeln verboten!«, sagt der Gemeindepolizist. »Das kostet dich zwanzig Euro!«
»Aber ich angle ja gar nicht, ich bade ja nur meinen Wurm!«
»In Ordnung, aber das kostet fünfzig Euro!«
»Wieso das?«
»Dein Wurm hat keine Badehose an!«

*

»Seit wir den neuen Wagen haben, müssen wir wahnsinnig sparen. Wenn für die Goldfische das Wasser gewechselt wird, gibt's mittags Fischsuppe!«

*

»Mutti, Klaus hat schon wieder einen Fisch gegessen!«
»Wie oft muss ich es noch sagen! Ihr sollt nicht aus Vatis Aquarium naschen!«

*

»Sagen Sie mal«, fragt ein Spaziergänger den Angler am Fluss, »warum werfen Sie die großen Fische immer zurück und behalten nur die kleinen?«
»Weil wir nur eine kleine Bratpfanne zu Hause haben.«

Rennpferde & Ackergäule

Ein Pferd kommt in den Saloon und bestellt einen Whiskey.
»Was bin ich Ihnen schuldig?«, fragt das Pferd.
»Sechs Dollar«, sagt der Barkeeper verunsichert, »das ist das erste Mal, dass ich hier ein Pferd bediene.«
Darauf das Pferd schnippisch: »Bei diesen Preisen wird es auch das letzte Mal gewesen sein!«

*

Ein Pferd und ein Esel geraten in Streit darüber, wer von ihnen höher einzuschätzen sei. Das Pferd ist stolz auf seine Vergangenheit, der Esel jedoch glaubt an seine Zukunft: »Die Technik hat das Pferd überholt. Esel dagegen wird es immer geben!«

*

Treffen sich ein Deutscher, ein Amerikaner und ein Russe beim Windhundrennen.
Der Deutsche sagt: »Mein Hund hört vor dem Start den ganzen Tag 94.3 RS2 und gewinnt immer.«
Sagt der Amerikaner: »Ich gehe mit meinem Hund immer zu McDonald's vor dem Rennen, damit ist ihm der Sieg sicher.«
»Hach«, sagt der Russe, »das ist gar nichts: Mein Hund kriegt vor dem Rennen immer zweihundert Gramm Wodka.«
Die anderen: »Und der gewinnt dann?«
»Nö, aber am Start ist er immer der lustigste!«

Das Pferderennen ist zu Ende. Das letzte Pferd überquert die Ziellinie. Wutentbrannt wendet sich der Pferdebesitzer dem Jockey zu und sagt: »Sie hätten ja auch etwas früher am Ziel sein können.«

Darauf der Jockey: »Ich weiß, aber ich musste beim Pferd bleiben.«

*

Der alte Bauer klärt seinen Sohn über ökonomische Zusammenhänge auf.

»Alles, was selten ist, ist teuer. Ein gutes Pferd ist selten. Darum ist es teuer.«

»Aber Papa«, wendet der Sohn ein, »ein gutes Pferd, das billig ist, ist doch noch seltener.«

*

Ein Pferd steht auf einer Weide. Am Zaun hängt ein Schild: »Bitte das Pferd nicht füttern! Der Besitzer«. Darunter klebt ein kleiner Zettel: »Bitte das Schild nicht beachten! Das Pferd«.

*

»Reitest du?«
»Ja.«
»Auch Turniere?«
»Nein, nur Pferde.«

Zum schweigsamen Cowboy kommt ein Freund und fragt: »Was hast du damals deinem Pferd gegeben, als es krank war?«
»Schmieröl«, sagt der schweigsame Cowboy.
Etwas später kommt der Freund wieder.
»Du, nachdem ich meinem Pferd Schmieröl gegeben habe, ist es krepiert.«
»Meines auch«, sagt der schweigsame Cowboy.

*

Antje nimmt Reitstunden. Heute darf sie zum ersten Mal über eine Hürde. Aber es klappt nicht so recht. Das Pferd bleibt nämlich vor dem Hindernis ruckartig stehen und Antje segelt kopfüber auf die andere Seite.
»Das war schon ganz prima«, lobt Antjes Reitlehrer. »Beim nächsten Mal darfst du nur nicht vergessen, auch das Pferd mit hinüberzunehmen.«

*

»Herr Doktor, es ist entsetzlich! Ich hab die ganze Nacht geträumt, ich bin ein Pferd! Und ich war in einem Stall und habe Heu gefressen!«
»Ja, und was ist daran so schlimm?«
»Am Morgen fehlte die Hälfte der Matratze!«

*

Herr Schmalstich kommt zu Professor Seelwurm.
»Herr Professor, ich hab ein Pferd im Kopf!«
»Kein Problem«, sagt Professor Seelwurm, »das operieren wir raus.«
Schmalstich wird also operiert. Und damit er auch sieht, dass die Operation gelungen ist, führen sie ihm nachher einen Schimmel vor.
Doch Schmalstich jault auf: »Alles umsonst! Den Schimmel hat mein Nachbar bei mir eingestellt. Was mich stört, ist der braune Wallach!«

*

»Herr Doktor«, sagt Bernhard zu Doktor Pfannenstiel, »mir geht es hundsmiserabel. Ich muss arbeiten wie ein Ochse. Nach dem Essen ist es mir sauschlecht. Abends bin ich müde wie ein Pferd. Und nachts schwitze ich wie ein Schwein!«
»Hör mal«, sagt Doktor Pfannenstiel, »da bist du bei mir falsch. Du musst zum Tierarzt!«

*

»Ich hab ein Pferd bekommen«, sagt Uschi. »Und jetzt brauch ich die passende Hose!«
»Gerne«, sagt die Verkäuferin. »Welche Konfektionsgröße hat das Tier?«

*

Karlchen soll auf ein Pferd steigen. Es ist das erste Mal. Skeptisch betrachtet er die Steigbügelriemen.
»Und wie schnallt man diese Sicherheitsgurte an?«

*

Fridolin hat die Typen vom Reitklub zu einer Party eingeladen. Da war einiges los!
Am nächsten Tag entschuldigt er sich bei den Leuten, die unter ihm wohnen: »Hoffentlich war's nicht zu schlimm . . .«
»Oh nein«, sagen die. »Es war schon zum Aushalten. Aber sag mal, wie habt ihr es geschafft, die Pferde alle in die Wohnung zu bringen?«

*

Irmi hat das höflichste Pferd der Welt. Immer, wenn die beiden an ein Hindernis kommen, lässt das Pferd die Irmi zuerst hinüber.

*

Ein dickes Pferd trifft ein dünnes und sagt: »Wenn man dich so sieht, könnte man meinen, eine Hungersnot sei ausgebrochen.« Kontert das dünne Pferd: »Und wenn man dich ansieht, könnte man glauben, du seiest daran schuld.«

*

Sagt der Ehemann: »Ich hätte gern ein Pferd für meine Frau.«
»Tut mir leid, Tauschgeschäfte machen wir nicht!«

*

Vier Ponys leben per Offenstall in einer Wohngemeinschaft.
Kommt das erste Pony angerannt und fragt: »Wer hat meine Möhren gefressen?«
Kommt das zweite: »Wer hat meinen Whiskey getrunken?«
Das dritte: »Wer hat meinen CD-Player benutzt?«
Plötzlich tanzt das vierte Pony in den Offenstall hinein: »Da sssssteht ein Pferd aufm Flur . . .! Schmatz! Rülps! Cha-Cha-Cha . . .«

*

Ein Reitlehrer kommt ins Krankenhaus, weil ihn sein Pferd gebissen hat.
»Haben Sie etwas draufgetan?«, fragt die Krankenschwester.
»Nein«, antwortet der Reitlehrer, »der Gaul mochte mich ohne alles.«

*

Ein Farmer prahlt: »Ich brauche mindestens vier Tage, wenn ich einmal um meine gesamte Ranch reiten will.«
Grinst der Gesprächspartner: »Ja, ja, so einen lahmen Gaul hatte ich auch schon mal.«

Was ist das: Es steht auf der Weide und röhrt?
Ein Pferd, das Fremdsprachen lernt.

*

In der Stallgasse. Ein Reiter sitzt auf einem Bund Stroh und verspeist gequetschten Hafer. Ein anderer sieht ihm zu und sagt: »Sie, was essen Sie denn da?«
»Gequetschten Hafer.«
»Und warum essen Sie gequetschten Hafer?«
»Wenn man gequetschten Hafer isst, wird man intelligenter«, sagt der Mann, »möchten Sie auch? Fünf Euro für eine Handvoll.«
Warum nicht, denkt der andere, zahlt fünf Euro und beginnt zu essen.
Plötzlich dämmert's ihm: »He, Sie unverschämter Wucherer, fünf Euro für eine Handvoll gequetschten Hafer. Wo gibt's denn so was?«
»Sehen Sie«, sagt da der Mann, »er beginnt schon zu wirken, der gequetschte Hafer . . .«

*

Übrigens: In Reitställen gibt es nicht nur die AZUBIS, die Auszubildenden, sondern auch etliche EGEBIS, die Eingebildeten.

*

»Da haben wir Gottes Wort schwarz auf weiß«, sagte der Bauer, als der Pfarrer auf einem Schimmel vorüberritt.

*

Was ist der Unterschied zwischen einem Pferd und einem Kaktus?
Setz dich drauf, und du weißt es.

*

Woran erkennt man, dass ein Pferd im Kühlschrank war?
An den Hufspuren in der Butter.

*

Vor der Prüfung hofft der Dressurreiter, dass der Richter beide Augen offen hält. Hinterher kann der Reiter froh sein, wenn der Richter ein Auge zugedrückt hat.

*

»Ich weiß jetzt endlich, was bei meinem Pferd immer so komisch quietscht.«
»Was denn?«
»Meine neuen Stiefel.«

*

Eine Wette: »Wie viele Pferde passen wohl in deinen Pkw?«
»Fünf. Vorne zwei und hinten drei.«
»Und wie viele Giraffen passen in deinen Pkw?«
»Gar keine.«
»Gar keine?«
»Nein, das Auto ist doch schon proppenvoll.»

*

»Kannst du reiten?»
»Ja!«
»Und wo hast du es gelernt?«
»Auf einem Pferd.«

*

Im Restaurant. Der Gast flucht: »Das schmeckt ja wie gebratene Hufspäne mit Pferdeäpfeln.«
»Meine Güte«, staunt da der Ober, »was Sie alles schon in Ihrem Leben gegessen haben.«

*

Ein Pferd und ein Minipony wollen in die Oper. An der Kasse hängt ein Schild: »Programm fünf Euro«.
Empört dreht das Pferd um und geht.
Verdattert flitzt das Minipony hinterher und fragt ihn, warum.
»Ich bin ja kein Geizhals«, antwortete das Pferd, »aber fünf Euro pro Gramm, das ist mir zu teuer.«

»Mein Herr, darf ich Sie darauf aufmerksam machen: Sie sitzen auf Ihrem Pferd falsch herum.«
»Wie kommen Sie dazu, mich zu korrigieren? Sie Schnösel wissen ja gar nicht, in welche Richtung ich reiten will.«

*

»Wie ist deine erste Reitstunde verlaufen?« – »Och im Sande!«

*

Bei der Anmeldung in der Reitschule gibt Anton zu bedenken: »Wissen Sie, dass ich noch nie auf einem Pferd gesessen hab?« Der Reitlehrer winkt ab: »Macht überhaupt nichts – dann bekommen sie eben ein Pferd, das noch nie geritten wurde . . .«

*

»Der neue Reitschüler muss Kfz-Mechaniker sein!«, sagt der Reitlehrer zu seinem Kollegen.
»Wie kommst du auf die Idee?«
»Ich weiß nicht, aber er kriecht immer unter das Pferd, wenn es stehen bleibt!«

*

»Habt ihr einen neuen Reitlehrer?«
»Nein, den haben wir gebraucht bekommen!«

Bei der Prüfung zum kleinen Hufeisen: »Isolde, nenne mir drei Gründe, warum Pferde keine Eiben fressen dürfen!«
Isolde: »Naja, meine Mama sagt es, mein Papa sagt es, und Sie sagen es auch.«

*

»Haben Sie schon mein tolles Pferd gesehen?«
»Wieso haben Sie zwei?«

*

Der Vater prahlt in der Kneipe: »Meine Tochter darf sich jedes Jahr wünschen, was sie will.«
»Tatsächlich, und was wünscht sie sich?«
»Ein eigenes Pferd, seit vier Jahren!«

*

Camilla erzählt in der Schule: »Gestern haben wir ein kleines Fohlen bekommen.«
»Wollt ihr es großziehen?«
»Nein, wir lassen es von alleine wachsen!«

*

»Was würdest du machen, wenn du so reiten könntest wie ich?«
»Unterricht nehmen!«

»Ich fürchte, meine Frau ist mir nicht treu.«
»Wieso das denn?«
»Ja, wir sind doch von Düsseldorf nach Hamburg gezogen und sie hat immer noch den gleichen Reitlehrer!«

*

Herr Neureich betritt den Stall, um sich ein Pferd anzusehen, welches er kaufen möchte. Als er an die Box tritt, zuckt das Pferd zurück. »Der Hengst ist ein bisschen nervös«, sagt der Verkäufer, »der scheut vor jedem Dreck!«

*

Der frisch gebackene Pferdebesitzer fragt auf dem Pferdemarkt den Vorbesitzer: »Wie viele Ballen Heu hatten Sie für das Pferd als Wintervorsorge eingelagert?«
»So um die dreihundertfünfzig.«
Ein Jahr später treffen sie sich wieder: »He, was haben Sie mir letztes Mal für einen Mist erzählt? Ich habe fast hundertfünfzig Ballen über!«
»Ich damals auch!«

*

»Wenn Sie so weiterreiten, werden Sie nicht alt«, sagt der Reitlehrer vorwurfsvoll.
»Ich weiß, ich weiß«, antwortet der Reitschüler, »reiten hält jung!«

»Niemand mag mich in der Reitschule«, jammert der Sohn bei seiner Mutter herum, »die Kinder nicht und die Erwachsenen auch nicht!«

»Da gehst du hin«, erwidert die Mutter energisch, »schließlich bist du der Reitlehrer!«

*

Ein junger Mann kommt zum Nervenarzt. Bei der Untersuchung macht er immer: ». . . scht, scht, scht . . .«

»Warum machen Sie das?«, fragt ihn der Arzt.

»Ich vertreibe damit die Pferde.«

»Aber hier sind doch überhaupt keine Pferde.«

»Sehen Sie, es hat schon geholfen!«

*

Ein Mann hat einen total heruntergekommenen Pferdehof gekauft und in jahrelanger mühevoller Arbeit in ein schmuckes Gestüt verwandelt. Eines Tages kommt der Pfarrer vorbei: »Es ist schon toll, was der liebe Gott und wir Menschen zusammen vermögen.«

»Gewiss, gewiss, aber Sie hätten das Grundstück mal sehen sollen, als Gott es noch alleine bewirtschaftet hat!«

*

»Herr Professor, mein Mann bildet sich ein, er sei ein Pferd.«
»Dann schicken Sie ihn bitte für ein paar Tage zu mir.«
»Gern, haben Sie denn noch eine Box frei?«

*

Ein Bauer fragt einen Tierarzt um Rat: »Ich habe ein Pferd, das geht manchmal normal und manchmal lahmt es. Was empfehlen Sie mir?«
»Wenn es das nächste Mal normal geht, dann verkaufen Sie es!«

*

Eine Fliege sitzt auf dem Ohr eines pflügenden Pferdes. Kommt eine zweite hinzu und fragt: »Was machst du denn da?«
»Stör uns nicht, wir pflügen!«
»Wir sind eine echte Reiterfamilie.«
»Wieso?«
»Also ich mache einen Dressurkurs, mein Bruder einen Springkurs, meine Mutter einen Fahrkurs und mein Vater einen Konkurs!«

*

»Ist der Springreiter Niederschmidt wirklich so dick geworden?«
»Und ob! Wenn er ein Halfter von der einen in die andere Hand nehmen will, muss er es werfen!«

Die Polizei von Posemuckel schickt ihren Kollegen in Warendorf Fotos von einem gestohlenen Pferd: von vorne, von hinten, von der Seite und mit Reiter. Zwei Wochen später erhält die Polizei von Posemuckel ein Fax aus Warendorf: »Drei der vermissten Pferde haben wir gefunden, dem vierten sind wir auf der Spur . . .!«

*

»Was hast du eigentlich den ganzen Tag gemacht?«
»Ich habe versucht Longino-Pferde zu fangen.«
»Longino-Pferde??? Wie sehen die denn aus?«
»Keine Ahnung, ich habe ja noch keine gefangen!«

*

Besuch in einem Westernreitstall. In den Boxen stehen herrliche Apfelschimmel. An jeder Box hängt ein Schild: »Frisch gestrichen«. Plötzlich sagt einer der Besucher: »Wie schade, ich dachte die Flecken wären echt!«

*

Beim Springturnier: »Warum springen denn alle Pferde über diese Hindernisse?«
»Der Erste kriegt einen Preis.«
»Und warum springen dann die anderen?«

*

»Hast du schon gehört, der Horst hat eine Reitanlage eröffnet.«
»Mit Erfolg?«
»Nein, mit einem Nachschlüssel!«

*

Ein Puma sieht ein Zirkuspferd und flucht: »So ein Mist, schon wieder als Geschenk verpackt!«

*

Ein Mann kommt in den Saloon gestürzt. »Wer hat mein Pferd grün und gelb angestrichen?!«
Steht ein Muskelprotz auf und sagt: »Ich, Kleiner!«
»Äh, ich wollte nur sagen, ist trocken, Sie können lackieren!«

*

Nach dem Reiten: »So schlecht wie heute bin ich noch nie geritten.«
»Ach, sind Sie schon mal geritten?«

*

Ein Cowboy sitzt mit seinem Pferd im Kino. Gespielt wird »Der Pferdeflüsterer«. Das Pferd schüttelt dauernd mit dem Kopf. Da dreht sich eine Dame um und meint verwundert: »Sie haben aber ein sonderbares Pferd.«
»Ja«, erwidert der Cowboy, »also ehrlich, ich versteh's auch nicht. Das Buch zum Film hat ihm nämlich ganz gut gefallen.«

Im Saloon bestellt der Cowboy: »Einen Eimer Whiskey für mein Pferd.«
Fragt der Wirt: »Und Sie?«
»Nichts, ich muss noch reiten.«

*

Zwei Pferde spielen auf der Weide Tennis, ein Bauer schaut interessiert zu. Plötzlich fängt es an zu regnen. Sagt das eine Pferd zum anderen: »Du, wir müssen aufhören, es fängt an zu regnen.« Sagt der Bauer: »Geht doch in die Scheune und spielt Tischtennis.« Tippt sich das andere Pferd an die Stirn und sagt: »Haben Sie schon mal Pferde Tischtennis spielen sehen?«

*

Fragt der Züchter die Jury: »Gibt es denn keine Möglichkeit, meinen Hengst durch die Hengstleistungsprüfung zu bekommen?«
»Auf keinen Fall! Mit dem, was Ihr Hengst nicht kann, könnten noch drei weitere durchfallen.«

*

»Warum gehst du denn in deinen Cowboy-Jeans so o-beinig?«
»Damit die Leute denken, ich hätte ein Pferd.«

Drei Texaner reiten durch die Wüste. Nach einer Weile fragt der zweite den ersten: »Wie viel ist 3 + 5?«
»Acht.«
»Und wie viel ist 12 + 7?«
»Neunzehn.« Da zieht er seinen Colt und erschießt ihn. Fragt der dritte: »Warum?«
»Er wusste zu viel!«

*

Ein Mann sitzt mit seinem Hund vor dem Fernseher und sieht sich einen Western an. Nach einer Weile sagt er zu seinem Hund: »Sieh mal, Waldi, der blöde Cowboy spricht mit seinem Pferd!«

*

Ein Reiterehepaar beim Frühstück: Sie: »Wie beurteilst du mein gestriges Dressurreiten?« Er: »Wollen wir schon beim Frühstück Streit anfangen?«

*

»Mit dieser Medizin wird Ihr Pferd die ganze Nacht durchschlafen«, erklärt der Arzt dem besorgten Pferdebesitzer. Der ist erleichtert. »Sehr gut, dann muss ich nicht mehr nächtelang wach bleiben und nach ihm schauen. Und wie oft muss ich dem Tier die Medizin geben?«
»Na, etwa jede Stunde!«

Bei einem Turnier fragt das eine Pferd das andere: »Bist du über das Hindernis gekommen?«
»Ich nicht, aber mein Reiter!«

*

»Nein, diese Stiefel möchte ich auf keinen Fall. Sie drücken überall.«
»Aber mein Herr, dieses Jahr trägt man trendgemäß hohe, enge Stiefel.«
»Das ist mir egal. Ich habe noch die Waden vom letzten Jahr.«

*

»Tritt Ihr Pferd?«, fragt ein Reiter einen anderen, der gerade ein Pferd putzt. »Nein, mein Pferd tritt nicht«, sagt dieser. In dem Moment keilt das Pferd aus, trifft und der Reiter geht zu Boden. »Sie sagten doch, Ihr Pferd tritt nicht«, stöhnt dieser mit schmerzverzerrtem Gesicht. »Stimmt. Mein Pferd steht dort hinten in seiner Box!«

*

Ein Pferd zum anderen: »Warum hüpfst du denn so im Stall herum?« Darauf das andere: »Ich habe gerade meine Medizin bekommen und der Stalljunge hatte vergessen, die Flasche zu schütteln.«

»Das haben Sie ganz toll gemacht«, lobt der Chef einer Pferdeklinik den neu eingestellten Assistenzarzt, »Ihre vier Operationen gestern Nachmittag waren vorzüglich. Nur einen kleinen Schönheitsfehler hat es da leider gegeben.«
»Wieso?«, stammelt der neue Mann.
»Na ja«, sagt der Chef, »normalerweise war für jede Operation ein anderes Pferd vorgesehen!«

*

»Na, was hast du im letzten Sommer so gemacht?«
»Och, ich wollte eigentlich Wellenreiten versuchen. Aber meinst du, ich hätte den Gaul ins Wasser bekommen?«

*

Wird der Bauer gefragt: »Warum sind deine Pferde denn so mager?« Darauf der Bauer: »Tja, das sind alles Stuten. Den Hengst hab ich vor vier Wochen verkauft und nun fressen sie nur noch Vergissmeinnicht.«

*

»Wirft Ihr Geschäft was ab, Frau Schulze?«
»Ja, leider jeden Tag!«
»Wieso leider? Das sollte Sie doch freuen.«
»In diesem Fall nicht. Ich verleihe Ponys.«

*

Sind zwei Pferde auf der Koppel. Sagt das eine zum anderen: »Ich heiße Remus und du?« Darauf das andere Pferd: »Ich weiß nicht so genau, aber die meisten Leute sagen zu mir ›Steh!‹.«

*

Auf einem Turnier treffen sich drei Pferde aus verschiedenen Ländern. Sagt das aus England: »Bei uns ist das schwierig, wir schreiben ›school‹ und sagen ›skul‹!«
»Das ist doch gar nichts«, sagt das Pferd aus Frankreich, »wir schreiben ›Renault‹ und sprechen es ›Reno‹ aus.«
»Bei uns ist das noch viel schwieriger«, entgegnet da das Pferd aus Deutschland, »wir schreiben ›Wie bitte?‹ und sagen ›Hä?‹.«

*

»Ein Supergeschäft war das«, sagt der Besitzer eines neuen Pferdes, »fünfzig Prozent Vollblut, fünfzig Prozent Warmblut und fünfzig Prozent Rabatt.«

*

»Haben Sie eine sitzende Tätigkeit?«, fragt der Arzt den Patienten.
»Ja, ich weiß nicht, ob man das so nennen kann«, meint der Patient zögernd, »ich bin Bereiter.«

»Hast du den wilden Gaul, den du vor vier Wochen gekauft hast, schon zähmen können?«
»Ja klar, kein Problem, und die beiden Zähne wollte ich mir sowieso ziehen lassen.«

*

»Gnädige Frau«, sagt die Verkäuferin in einem Reitsportgeschäft, »dieses Reitsakko würde ganz vorzüglich zu Ihrem blassen Teint passen.«
Erwidert die Kundin: »Normalerweise bin ich nicht blass. Ich bin nur blass geworden, als ich den Preis hörte!«

*

»Liebling«, ruft die Ehefrau bei einer Auktion, »diesen Hengst oder keinen.«
»Also gut«, sagt der Ehemann, »keinen.«

*

»Mal ehrlich: Hast du bei Pferderennen schon mal Glück gehabt?«
»Na klar, letzten Sonntag habe ich auf der Tribüne einen Fünfeuroschein gefunden.«

*

»Na, sind die Reitstunden deiner Frau erfolgreich?«, fragt ein Kollege einen anderen.
»Und wie«, antwortet der, »das Pferd hat schon fünfzig Pfund abgenommen!«

*

Ein Vater liebt es, seinen Sohn zu belehren. So fragt er ihn: »Welche Muskeln träten in Aktion, wenn ich reiten würde?« Daraufhin sein Sohn: »Die Lachmuskeln!«

*

Zwei ältere Pferde stehen an einer Autobahn und sehen die angegurteten Autofahrer vorbeirasen. »Jetzt weiß ich auch, warum die uns nicht mehr brauchen.«
»Warum?«
»Die ziehen ihre Karren jetzt selber.«

*

Ein Mann kommt zum Arbeitsamt und meldet sich arbeitslos.
»Was sind Sie denn von Beruf?«, erkundigt sich der Beamte.
»Ich bin Chorleiter für Pferdegesangsvereine.«
»Aber Pferde können doch gar nicht singen.«
»Deshalb bin ich ja arbeitslos!«

*

Im Zug fragt ein Reisender einen anderen: »Kommen Sie auch gerade vom Pferderennen in Iffezheim?«
»Ja.«
»Und haben Sie auch gespielt?«
»Ja, jeden Abend.«
»Viel verloren?«
»Keinen Cent.«
»Toll. Haben Sie ein System?«
»Nein, man muss nur die Tasten und Noten kennen, wenn man Saxofon spielt.«

*

Mitten in der Prärie bleibt einem Mann sein Auto stehen. Da kommt ein Schimmel angetrabt, tritt gegen den Motor und der Wagen springt wieder an. Später erzählt der Mann an der Tankstelle sein Erlebnis. Meint der Tankwart: »Da haben Sie aber Glück gehabt. Hier läuft auch noch ein Brauner rum und der hat keine Ahnung von Motoren.«

*

Kommt eine Frau in ein Reitsportgeschäft. »Ich hätte gern einen Wassereimer für mein Pferd.«
»Wünschen Sie den Eimer mit der Aufschrift ›Für das Pferd‹?«, fragt der Verkäufer.
»Nein, danke«, erwidert die Frau, »mein Mann trinkt kein Wasser und mein Pferd kann nicht lesen!«

Jan kommt total verdreckt vom Turnier zurück. Ruft die Mutter entsetzt: »Aber Jan, du sollst doch zum Turnier die weiße Reithose anziehen!«
»Das ist die weiße, Mama!«

*

»Mein Pferd schielt.«
»Das macht doch nichts!«
»Doch, es frisst immer zuerst den Nebentrog leer!«

*

»Herr Reitlehrer, in der Reithalle tropft es von der Decke herunter, ist das immer so?«
»Nein, nur wenn es regnet!«

*

Lola liest die Preistafel an einem Reitstall: »Boxen für Pferde – zwanzig Euro am Tag.« Sie guckt etwas ratlos und fragt dann: »Seit wann können Pferde denn boxen?«

*

Nikolai hat seine erste Reitstunde hinter sich. Erschöpft rutscht er runter vom Pferd.
»Na, hat es Spaß gemacht?«, fragt die Mutter.
»Von wegen Spaß! Ich hätte nie gedacht, dass ein Tier, das mit Heu gefüllt ist, so hart sein kann!«

Uli und ihr Pony Mausi reiten mit ihren Freunden aus. Plötzlich bleibt das Shetty stehen. »Was ist denn los? Warum reitest du nicht weiter?«
»Das geht nicht. Mausi ist in ein Kaugummi getreten und klebt fest!«

*

»Du trainierst aber viel in der Reithalle«, sagt Ina zu ihrer Freundin.
»Ja, man muss eben wissen, was man will.«
»Und was willst du?«
»Den Reitlehrer!«

*

Dem Trainer ist sein Jockey viel zu langsam. Er stellt ihn deswegen zur Rede. Der Jockey ist von seinen Reitkünsten jedoch völlig überzeugt: »Ich weiß gar nicht, was Sie wollen. Es waren doch bestimmt noch fünf Pferde hinter mir.«
»Ja«, antwortet der Trainer mürrisch, »aber die fünf Pferde gehören schon zum nächsten Rennen!«

*

Fragt der Lehrer die reitbegeisterte Jana: »Nenne mir vier Tiere, die in Island leben.«
»Ein Wal und drei Islandpferde!«

In der Schule müssen die Kinder einen Aufsatz zum Thema »Unser Pony« schreiben. Die kleine Susi schreibt: »Unser Pony: Wir haben keins!«

*

Der Tierarzt untersucht den spanischen Hengst von Frau Müller: »Seine Beine sind etwas geschwollen, aber das beunruhigt mich nicht weiter.«
»Also, wenn es Ihre Beine wären, würde es mich auch nicht beunruhigen.«

*

Ein Kind und seine Mutter gehen an einer Weide vorbei. Sagt die Mutter: »Schönes Pferd, nicht? Was, meinst du, würde es sagen, wenn es sprechen könnte?«
Meint das Kind: »Es würde sagen: ›Ich bin ein Esel!‹«

*

Eine Pferdeherde spielt mit einer Gruppe von Mäusen Fußball. Ein Pferd tritt versehentlich auf eine Maus. Als diese sich den Sand aus dem Fell schüttelt, sagt das Pferd verlegen: »Entschuldigung, ich habe dich wirklich nicht gesehen.«
Die Maus winkt großzügig ab: »Macht doch nichts, das hätte mir ja auch passieren können.«

*

Erster Schultag in der Prärie. Die Lehrerin fragt den Sohn des großen Indianerhäuptlings: »Na, und wie heißt du?«
»Ich heiße Schneller-Reiter-der-in-der-Prärie-galoppiert-auf-seinem-Pferd-wie-der-Blitz.«
»Meine Güte, das ist aber ein langer Name. Wie nennen dich denn deine Eltern?«
»Brrr!«

*

Jan ist mit seiner Schwester Nadine im Reitstall. Weil er zu faul ist, seine Tasche nach Hause zu tragen, pinnt er Nadine einen Zettel an die Boxentür ihres gemeinsamen Pferdes: »Nimm bitte meine Tasche mit. Ich habe sie vergessen!« Nadine schreibt darunter: »Nimm sie selbst mit, ich habe deinen Zettel nicht gesehen!«

*

Silke möchte ihr Pferd von der Weide holen, aber es bleibt nicht stehen. Silke läuft schon ganz atemlos hinter ihm her, als ein Passant, der ihr schon eine ganze Weile zugeguckt hat, fragt: »Na, wollen Sie Ihr Pferd einfangen?«
Antwortet Silke wütend: »Nein, ich will es verjagen!«

*

Morgens bei Ehepaar Müller. Sie schleicht sich an ihren Mann heran und knallt ihm die Bratpfanne von hinten an den Kopf. Er schreit auf, reibt sich den Kopf: »Was soll das denn?«
»Gerade habe ich deine Hosen ausgeräumt für die Wäsche und dabei einen Zettel mit dem Namen Lisa Marie gefunden!«
»Ja, aber Schatz, erinnerst du dich nicht mehr . . . Vor zwei Wochen war ich doch beim Pferderennen, und das ist der Name des Pferdes, auf das ich gesetzt habe . . .«
Sie entschuldigt sich bei ihm, den ganzen Tag plagt sie sich mit Gewissensbissen und bereitet ihm schließlich ein Festmahl. Drei Tage später schleicht sie sich wieder an ihn heran – boing! Wieder schreit er auf: »Was ist denn jetzt los!?«
»Dein Pferd hat gerade angerufen . . .«

*

Zwei schon etwas betagte Damen sind zum ersten Mal bei einem Pferderennen dabei.
Sie schauen sich die Pferde an und setzen auf einen Schimmel, weil der ihnen besonders gut gefällt. Der Schimmel geht bei dem Rennen als letztes Pferd durch das Ziel.
»Schau, das macht doch nichts«, tröstet die eine die andere, »unsere Wohnung ist sowieso zu klein für ein Pferd.«

Kopfsprünge
Denksport für drei Minuten

12 verschiedene Rätselarten warten darauf geknackt zu werden. Zahlenräder, Buchstabensalat, Kakuros und Sudokus, Symbolpfade, Worträder u.v.m. bringen das Gehirn in Schwung – und machen vor allem Spaß!

Arena | 152 Seiten. Arena-Taschenbuch.
ISBN 978-3-401-02684-8
www.arena-verlag.de

Martin Fritz

Warum? Warum? Warum?
111 verblüffende Fragen und Antworten

Wer wollte nicht schon immer mal wissen, warum der Magen knurrt und weshalb wir beim Gehen nicht umfallen? Martin Fritz ist in diesem Buch 111 alltäglichen Merkwürdigkeiten nachgegangen. Die verblüffenden Antworten garantieren Lesespaß mit Aha-Effekt!

128 Seiten. Arena-Taschenbuch.
ISBN 978-3-401-02680-0
www.arena-verlag.de

Arena

Megacoole Schülersprüche

Lachen ist gesund – wenn's nur einen Grund gäbe. Mit den megacoolen Schülersprüchen ist gute Unterhaltung allerdings garantiert. Kinder werden diese grandiose Sammlung nicht mehr aus der Hand legen! Mit witzigen Illustrationen von Erhard Dietl.

Arena

136 Seiten. Arena-Taschenbuch.
ISBN 978-3-401-02679-4
www.arena-verlag.de

Erhard Dietl

Was sagt das Stachelschwein zum Kaktus?
Die witzigsten Scherzfragen aller Zeiten

Wie nennen Kannibalen einen Mediziner? Hot Doc. Welchen Ausruf hört der Hai am liebsten? Mann über Bord! Warum dauern die Ferien im Sommer sechs Wochen und im Winter nur zwei Wochen? Weil sich bei Hitze alles ausdehnt und bei Kälte alles zusammenzieht. Erfolgsautor Erhard Dietl hat die besten Scherzfragen aus den Themenbereichen Tiere, Schule, Technik u.v.m. gesammelt und illustriert.

152 Seiten. Arena-Taschenbuch.
ISBN 978-3-401-02295-6
www.arena-verlag.de